奢华之色

——宋元明金银器研究

卷三　宋元明金银器皿

扬之水　著

中华书局

图书在版编目（CIP）数据

奢华之色：宋元明金银器研究.第三卷,宋元明金银器皿 ／ 扬之水著.
－ 4 版 ． － 北京：中华书局,2011.1（2022.5重印）
ISBN 978-7-101-11857-5

Ⅰ．①奢… Ⅱ．①扬… Ⅲ．①金银器（考古）－研究－中国－辽
宋金元时代②金银器（考古）－研究－中国－明代 Ⅳ．① K876.434

中国版本图书馆 CIP 数据核字 (2016) 第 114203 号

书　　名	奢华之色——宋元明金银器研究
	第三卷　宋元明金银器皿
著　　者	扬之水
责任编辑	王　楠
装帧设计	丰　雷
出版发行	中华书局
	（北京市丰台区太平桥西里 38 号　100073）
	http：//www.zhbc.com.cn
	E-mail：zhbc@zhbc.com.cn
印　　刷	天津图文方嘉印刷有限公司
版　　次	2011 年 1 月第 1 版　2011 年 10 月第 2 版
	2012 年 8 月第 3 版　2016 年 6 月第 4 版
	2022 年 5 月第 5 次印刷
规　　格	开本 /787×1092 毫米　1/16
	印张 18½　字数 150 千字
印　　数	13001－16000 册
国际书号	ISBN 978-7-101-11857-5
定　　价	146.00 元

目　次

序

尚　刚

　　唐代，特别在盛唐，中国的金银艺术曾经辉煌。那时，金银食器、酒器的使用有严格的等级限定，持有人无多，产品数量有限，器物常深具皇家和贵族的气派。在本书主要讨论的宋元时代，等级禁限已经弛缓，执行又不严格，因此，金银器皿数量陡增，广布民间，世俗气息因之愈益浓郁，并且其造型、装饰常被陶瓷器、漆木器摹仿，成了时代器皿制作的核心。

　　宋元金银器皿虽然重要如此，但其研究却长期萎靡。如今，情况终于改变，扬之水正是促成这个改变的关键人物。近年，她把主要精力倾注于此，刊布了众多令人耳目一新的论著，您手中的书就是她近年心血的结晶。扬之水能够卓然成家，原因自有种种，其中，占据突出地位的是其工作精神和研究方法，这些在书中都有集中体现。

　　有个现象，学人都不陌生：若干专家总热衷依据片段史料，发些若非谬误，便属肤浅的议论。扬之水截然相反，她特重资料的完备、讨论的绵密。多少年来，不仅四下寻觅图书，以竭力占有形象资料；还东奔西走，观摩公私收藏，以真切认知实物；更日日黎明即起，对灯苦读，在浩瀚的史籍中，开掘出大批遭忽略的文献。她能一再订正旧说，不断提供新知，依仗的就是丰富的史料。而她搜求的执著与勤勉，同道都在赞叹。论努力、讲资质，她的研究若不获取盛誉，真无天理。

扬之水坚称自己在做名物学。对于名物研究，史料不外实物和文献两类。实物至关重要，这尽人皆知。而文献的意义，起码还有人不甚了了，乃至甚不了了。扬之水的工作迥异流俗，重要原因就包含了对文献的深切理解，并使之贯穿研究。

随着中国经济的发展，原本就有基础的海外汉学也日渐发达。然而，有心人总在见证同样的事实：文化的隔膜、语言的障碍，令外国人的汉学研究时见隔靴搔痒的缺憾。中国人治中国学不同，没有文化的隔膜、较少理解古代文献的障碍，因而，最有直指核心的可能。如今，不少治旧学者也爱搬弄种种新出的方法论。不过，方法论都是欧美的发明，一旦丢弃了深切理解古代文献的优势，成绩就一定和先天亲近方法论的外国学者无法比较。现今，爱讲"中国特色"，充分利用文献史料，正是中国人研究中国古代问题的最大优势与特色，轻慢文献史料，无异将学术话语权拱手让人。

时间悬隔，今见实物当年的地位如何，现在难以明了；年代湮远，今见的实物绝非古代全部，不能说明更多的历史现象。因此，文献既是解说实物的唯一原始依据，又是补充实物欠缺的唯一知识来源。中国拥有无数的文字记载，一旦进入了文献较多的时代，卓有成绩的研究一定包含着实物和文献的双重内容，文献的作用永远不可替代。倘若轻忽对文献的全面占有，令研究干瘪成对现存实物的讨论，其结论难免如烟似云，考古新发现总令它们随风飘逝。

无奈的是，历史毕竟越去越远，不论实物，还是文献，今存者远非古代的全部。不仅都有大量的遗缺，还无法逐一对证。然而，有实物而无文献，不应苛责文献的疏漏，有文献而无实物，也不该指斥文献的虚妄。因此，全面占有尽可能原始的史料，以实物和文献相互对证、相互补充、相互解说、相互阐发，对于建设最大限度近真的知识体系，一定是不二法门。

多少年来，总有专家以讽刺古人、讥笑文献为乐，指责古人记载的欠全面、不准确，俨然成了夸耀博学的妙招。古人绝不完美，而以偏概全、主观色彩浓郁的毛病今人也难幸免。退一步说，假如古人的记录已经完美、已经齐备，今日的史家凭什么支薪领饷。历史文献出现失误本无足奇，由于学术的积累，由于当代还能调动古人无法梦见的科学手段，今日的认识不高出古代的文本反该羞愧。

扬之水对文献有深切的理解和精妙的运用。凭着顽强的寻觅、朴实的学风、细密的梳理，她令文献和实物互证互补，融合无间，以丰富的文献解说实物当年的名称、功用与文化意义，力求从名物切入，复原古代生活，尽力还其本真。这使其研究是立体的、鲜活的、充满新意的、深具中国特色的、富有个人魅力的。

至少在今天，若想了解宋元金银器皿，您手中的书最该细读。由于在宋元器皿制作中，金银制品占据核心地位，故而，书中的考订对深入了解宋元陶瓷器、漆木器也有重要价值，比如马盂、比如劝盏、比如屈卮、比如梅梢月。而扬之水的工作精神和研究方法的典范意义，更超出了她挚爱的名物研究。

　　在我的朋友里，最勤奋的就是扬之水。她以其坚毅、聪敏和细腻，笔耕不辍，一再给学界带来欣喜。学界的评议已经表明，期待着扬之水贡献更多、更大欣喜的，肯定不止我一人。

二〇一〇年初春

第一章 宋元金银器皿

小引

金银器皿包括的种类可以很多，但大的类别不外两种，即饮器与生活用器，其中又以饮器居首。饮器之要，为酒器和茶器，而不论类型与样式，其丰富均以酒器为最。

魏晋南北朝以前，酒器为铜器、漆器、陶瓷器，金银酒器并不多见。出现于魏晋南北朝时代的金银酒器，也很少是本土制作，而以舶来品为主。如山西大同城南北魏遗址窖藏出土的几件银鎏金杯[1]〔插图一：1、2〕，如宁夏固原南郊北周李贤夫妇墓出土的银鎏金胡瓶[2]〔插图二〕，等等。

金银酒器制作的发达，是在唐代，不过多出自官方。它的使用者，或则皇室贵胄，或则权要显宦，也主要集中在上流社会。酒器的造型与纹样，初期颇被西风，后则与本土观念相结合，以吸收、融汇的方式逐渐完成风格的转变。

至于宋元，金银酒器、主要是银酒器的使用方普及到市民社会，都市繁华街巷的酒楼歌馆于是各类银酒器齐备，《梦粱录》卷一六"酒肆"一节称"杭都如康、沈、

1 今藏大同市博物馆，此为参观所见并摄影。

2 宁夏回族自治区固原博物馆等《原州古墓集成》，图七五，文物出版社一九九九年。

插图一：1 银鎏金杯 大同城南出土　　　　　插图一：2 银鎏金杯 大同城南出土

插图二　银鎏金胡瓶 宁夏固原北周李贤夫妇墓

施厨等酒楼店，及荐桥丰禾坊王家酒店、阊门外郑厨分茶酒肆，俱用全桌银器皿沽卖，更有碗头店一二处，亦有银台碗沽卖"[3]。甚至夏月里"巷陌杂卖"之冷饮，也"悉用银器"[4]。财力不逮者，则不妨以租赁一途而竞鲜华[5]。日本入宋僧人成寻在《参天台五台山记》中记述见闻，于银器的使用更是描绘具体。如卷一云船至杭州，见"店家廿町许，所置物以金银造"。又卷四，"从梵才三藏房有请，即行向，点茶。果廿种，以银器备之"；"文惠大师来请，即相共向房。以银器盛珍果八种并美菜五种，飨羹五度，茶银五杯（杯），银小器也"；卷七：斋间，"点茶两度，银花盘，并置银口茶器；茶壶，银也"[6]。末一则所谓"银口茶器"，当即瓷器或漆器而口沿加银钿者。可见时风侵染至出家人亦以银器相尚。韩国新安海底发现一艘从中国港口驶出的沉船，出水银器中也有不少银酒器，如银盏、银盘、银长瓶等[7]〔插图三：1、2、3〕。其数量多者，当为用于行销的商品；数量少者，或即自用之器。沉船年代的下限被推定为元末[8]。这一批银酒器的造型、纹样和类型也正是元代最为常见的。

插图三：1 银菊瓣纹盏 出自新安海底沉船

3《夷坚志补》卷七《丰乐楼》一则，描写银酒器在酒楼中的使用及打造之工费，更为生动具体，——临安市民沈一，酒拍户也。居官巷，自开酒庐，又扑买钱塘门外丰乐楼库，日往监沽，逼暮则还家。淳熙初，当春夏之交，来饮者多，一日，不克归，就宿于库。是夜，有贵公子五人挟姬妾十数辈至楼纵饮，宴罢偿酒直，郑重致谢。沈窥其衣饰举止，知为五通神，因拱手前拜求赐富家。客笑而颔首，遂呼卒负一布囊来以授沈。沈"摸索其中，皆银酒器也，虑持入城，或为人诘问，不暇解囊，悉槌击蹴踏，使不闻声"。平明归家，向其妻连声夸语之曰："速寻等秤来，我获横财矣！"妻惊曰："昨夜闻柜中奇响，起视无所见，心方疑之，必此也。"启钥往视，则空空然。盖逐日两处所用，皆聚此中。神以其贪痴，故侮之耳。沈唤匠再团打，费工直数十千。

4《东京梦华录》卷八。

插图三：2a 银鸾鸟花
卉纹盘 出自新安海底
沉船

插图三：2b 银鸾鸟花
卉纹盘 出自新安海底
沉船

插图三：3 银 长 瓶 出
自新安海底沉船

5 周密《武林旧事》卷六"歌馆"条曰，"近世目击者，惟唐安安最号富盛，凡酒器、沙锣、冰盆、火箱、妆合之类，悉以金银为之"；"下此虽力不逮者，亦竞鲜华，盖自酒器、首饰、被卧、衣服之属，各有赁者。故凡佳客之至，则供具为之一新"；"赁物"条曰，"凡吉凶之事，自有所谓'茶酒厨子'专任饮食请客宴席之事。凡合用之物，一切赁至，不劳余力。虽广席盛设，亦可咄嗟办也"。

6 成寻《参天台五台山记》（白化文等校点），花山文艺出版社二〇〇八年。

7 《新安沉船里的金属工艺》，图一〇二至一一一，文化财厅，国立海洋遗物展示馆特别展，二〇〇七年（문화재청 국립해양유물전시관［편］，《신안선속의 금속공예》，문화재청 국립해양유물전시관，2007）。

8 李德金等《朝鲜新安海底沉船中的中国瓷器》，页252，《考古学报》一九七九年第二期。

所谓"酒器"，其中包括了酒具与食具，换句话说，便是酒筵上的各种用具，而齐齐整整的一套酒器，置办起来并不容易。欧阳修《归田录》卷一记载鲁宗道的一则轶事，曰：仁宗在东宫，鲁肃简公（宗道）为谕德，其居在宋门外，俗谓之浴堂巷，有酒肆在其侧，号仁和，酒有名于京师，公往往易服微行，饮于其中。一日，真宗急召公，将有所问，使者及门而公不在，移时乃自仁和肆中归。中使遽先入白，乃与公曰："上若怪公来迟，当托何事以对？幸先见教，冀不异同。"公曰："但以实告。"中使曰："然则当得罪。"公曰："饮酒人之常情，欺君臣子之大罪也。"中使嗟叹而去。真宗果问，使者具如公对。真宗问曰："何故私入酒家？"公谢曰："臣家贫无器皿，酒肆百物具备，宾至如归，适有乡里亲客自远来，遂与之饮。然臣既易服，市人亦无识臣者。"此则纪事以后又被收入《宋史》卷二八六《鲁宗道传》。这里所谓"贫无器皿"之器皿，又"百物具备"之百物，惟金银酒器可以当之。

关于宋元酒器，在南宋人编纂的一部日用小百科《碎金》中列有各种名称，见该书《家生篇》第二十三"酒器"一项，其品目如下：樽、榼，樏（原小字注：垒子）、果合、泛供，劝盏、劝盘、台盏、散盏，注子、偏提，盂、杓，酒经、急需、酒罌、马盂，屈卮、觥、觞、大白。与它有着继承关系的修订本两种，亦即分别成书于洪武和永乐年间的《明本大字应用碎金》和《碎金》，《家生篇》同样列有"酒器"，即：樽、榼，樏（原小字注：罍子）、果合、泛供，劝盂、劝盏、劝盘、台盏、散盏，注子、偏提，盂、杓，酒经、急需、酒罌、马盂，屈卮、觥、觞、大白。明初的两种《碎金》与南宋本比较，除顺序稍有变化之外，惟多出"劝盂"一种。

那么以后出之《碎金》为依据，正好可以来讨论宋元时代
金银酒器的名称与样式。

第一节 台盏与盘盏

1 "陈官人宅用"金花银台盏七副（图 1 – 1）

浙江义乌柳青乡游览亭村宋代窖藏[9]

"台盏"，原是酒盏与酒台子的合称，它是酒器中的一
种固定组合。酒台子便是承托酒盏之盘，不过盘心凸起如
一倒扣的小盏以为承台，因此得名。宋人称水仙花为"金
盏银台"，便是由此类酒器而来。元人散曲曰"云子酒香浮
玉台"；"翠袖殷勤捧玉台"[10]，所谓"玉台"，也是指台盏，
其例可以举出故宫所藏一副宋玛瑙台盏[11]（图 1 – 1 : 9）。

义乌窖藏金花银台盏凡八副，此举其中的七副。七副
台盏的酒盏与酒台子均为葵口，口沿各錾缠枝卷草，纹饰
鎏金。承盘高 5.5 厘米；盏高 3.8 厘米，口径 11.6 厘米，
圈足外侧铭曰"陈官人宅用"。

9 义乌博物馆藏，此为
观展所见并摄影。

10 孙周卿〔双调〕《蟾
宫曲·寿友人七月七
日》；无名氏〔正宫〕《端
正好·豪放不羁》，隋
树森《全元散曲》，页
1064；页1788，中华书
局一九六四年。

11 杨伯达《中国玉器
全集·5》，图版一一
〇，河北美术出版社
一九九三年。按图版说
明称作"玛瑙带托葵花
式盌"。

图 1 – 1 : 1a 金花银台
盏一副 浙江义乌柳青
乡游览亭村窖藏

图 1 － 1：1b 金 花 银
台盏一副（俯视）

图 1 － 1：9 玛瑙台盏
一副　故宫藏

　　酒盏盏心各錾一幅人物图，七幅图案凡七人。第一人，披衣坦腹，背倚酒坛，旁边一具酒樽，樽中横一柄酒勺。其侧有平底花口果盘一，盘中鹅梨两枚。画面一角用树石点景（图 1 － 1：2）。第二人倚瓮吹箫。瓮中有勺，瓮下有木架为托。果盘式样与前件同，惟旁置酒注，注子旁边一只酒盏。画面上方一只飞鹤，旁侧几朵流云（图 1 － 1：3）。第三人赤膊坦腹，斜倚于长颈瓜棱式酒瓮之侧，手中酒盏倒扣，旁有酒樽和勺。画面上方点缀树石（图 1 － 1：4）。第四人双手拄地，单衫半褪，倚酒瓮而坐，酒瓮上有荷叶盖，肩部饰璎珞纹。前方一只八卦纹酒盏，一具酒樽，樽中有勺（图 1 － 1：5）。第五人手臂搭扶于酒瓮之肩而醉眠，酒盏倾翻在一侧（图 1 － 1：6）。第六人科头赤膊坦腹，前凭栅足几，后倚一个大酒瓮，酒瓮肩部装饰一周覆莲纹，酒樽与盏俱翻倒（图 1 － 1：7）。第七人背倚酒瓮，凭几席坐，几旁一个长颈耸肩瓶，里边插着一大捧荷花（图 1 － 1：8）。

图 1—1：2a 盏心图案一

图 1—1：3a 盏心图案二

图 1—1：2b 盏心图案一摹本

图 1—1：3b 盏心图案二摹本

图 1－1：4a 盏心图案三

图 1－1：4b 盏心图案三摹本

图 1－1：5 盏心图案四

图 1－1：6 盏心图案五

图 1 - 1：7 盏心图案六摹本　　　　　　　　图 1 - 1：8 盏心图案七摹本

　　人物图中的坐具，所绘均仿若鹿皮之类，与江苏地区三座南朝墓出土的竹林七贤砖画[12]，又上海博物馆藏孙位《高逸图》中持麈尾者地衣之上敷设的坐具相同。邓粲《晋纪》："嵇康曾锻于长林之下，钟会造焉。康坐以鹿皮，巍然正容，不与之酬对。"又清胡敬《西清札记》著录刘贯道《竹林七贤图》曰"一执如意凝视，俱敷文簟，展鹿皮，藉地趺坐"。可知鹿皮坐具是这一题材的画作中始终延续的细节之一。其实就构图来说三者也约略相似。《高逸图》被认为原是《竹林七贤图》残卷，即所存为阮籍、山涛、王戎、刘伶[13]。时代稍后于此，有内蒙古赤峰市辽早期耶律羽之墓出土的一对银鎏金錾花七棱錾耳杯[14]，杯身七个开光内分别錾刻七位高士，——抚琴，持卷，著书，摩腹，执麈尾，又饮酒者二，虽与早期的竹林七贤图并不完全相同，但渊源与相承关系是清楚的（图 1 - 1：10）。又故宫藏一件五代越窑青釉酒台子，盘与承台之间刻划水波纹，承台则成

12 南京博物院《试谈"竹林七贤及荣启期"砖印壁画问题》，页 18 ~ 23，《文物》一九八〇年第二期。

13 承名世《论孙位〈高逸图〉的故实及其与顾恺之画风的关系》，页 15 ~ 23，《文物》一九六五年第八期。

14 中国历史博物馆等《契丹王朝——内蒙古辽代文物精华》，页 188 ~ 189，中国藏学出版社二〇〇二年。

图 1－1：10 银鎏金錾
花七棱錾耳杯 辽耶律
羽之墓出土

浮在涟漪上面的一朵莲花，花心亦即台面刻划一幅饮酒图，酒人持盏，披衣席坐，一边是插着酒勺的酒樽，一边是一个荷叶盖罐，上下则以简笔点出远山和鹿皮坐荐[15]（图1－1：11）。

　　义乌银盏人物图的布局以及图式的构成要素，与前举诸例相比多有近似之处，包括细节如坐具的处理，酒盏之第一幅与故宫藏越窑酒台子尤其相似。酒人的衣着与风神态度以竹林七贤图为模范也很显然，惟将主题易作饮酒。北宋吴淑《事类赋注》卷一七《饮食部》"酒"类一项撷录故事多取自中古士人，似可昭示彼一时代的一种审美趋向。那么此二者，——传统的竹林七贤图与时代好尚，正是这一组图案构思及设计的共同来源。

15　王健华《十八孤品》，页32，《紫禁城》二〇〇六年第一期。按图版说明原作"五代越窑秘色瓷青釉饮茶图盏托"，并描绘台面之图曰："线划的人物圆脸大肚，头束发髻，宽衣围身，右腿屈膝，左脚盘起，端坐在山中，右手执茶盏于胸前，右后侧放一水罐，露出半截水舀，左后有茶炉一个。"

图1－1：11越窑青釉酒台子 故宫藏

2 银水仙花式台盏一副（图 1－2：1）

安徽六安县嵩寮岩花石咀一号墓出土[16]

16 安徽六安县文物工作组《安徽六安县花石咀古墓清理简报》，图版七：3（说明作"银杯与仰莲银托子"），《考古》一九八六年第十期。按器藏皖西博物馆，今定墓葬时代为元，不过出土器具多有宋物，比如这一副银台盏。本书照片为参观所摄。

图 1－2：1a 银水仙花式台盏一副 安徽六安嵩寮岩花石咀一号墓出土

承盘打作一枚六瓣花，中心是一个略略凸起的浅台，高三厘米，最小径 15 厘米；银盏圆口，高 4.5 厘米，口径 8.7 厘米。作为台盏一副，盏与承盘的造型和纹饰通常总是相互呼应的，而这一副却有些特别。细审其式，可知它是以台、盏的不同造型而合成一朵水仙花。

水仙中花开单瓣的一种，宋代俗称"金盏银台"，杨万里《千叶水仙花》诗前小序曰"世以水仙为金盏银台，盖单叶者，其中真有一酒盏，深黄而金色"（《诚斋集》卷二九）。这里的"单叶"，系指花瓣而言，即植物学中的所谓"花被"。单瓣水仙花开白色，花被六裂平展如承盘，中心托起鹅黄色的副花冠好似酒盏一般（图 1－2：2），赵长卿《惜奴娇·赋水仙花》"最是殷勤，捧出金盏银台笑拼了"，即此拟喻也[17]。也因此"金盏银台"之名在宋代反倒比"水仙花"的名称更为响亮，——宋刘学箕《方是闲居士小稿》卷下《水

17 唐圭璋《全宋词》，册三，页 1811，中华书局一九六五年。

图 1 — 2：1b 银水仙
花台盏一副

仙说》云，昨天命健仆去买水仙百十丛，不料却空手而返，
再三诘责之下，"但云有金盏银台，而无水仙花"。

3 银鎏金花卉童子杯盘一副（图 1 — 3：1）

安徽六安县嵩寮岩花石咀二号墓出土 [18]

18 《安徽六安县花石咀
古墓清理简报》(见注
16)，图版七：7。器藏
皖西博物馆，此为参观
所见并摄影。

图 1 — 3：1 银鎏金花
卉童子杯盘一副 安徽
六安嵩寮岩花石咀二
号墓出土

　　酒杯与盘的组合，是为杯盘一副。此银杯为夹层，口径 8.5 厘米，内杯口沿装饰卷草纹，中心錾花朵，花朵上坐一个抱毬的孩儿。外杯打作四季花卉，两侧的莲花上各一个女童，便是杯的双耳。承盘口径 18.3 厘米，口沿錾刻卷草纹，盘心錾牡丹，其外打作攀枝孩儿。杯盘通高七厘米。

　　宋诗中提到一种颇具巧思的酒器，——方一夔《以白瓷为酒器，中作覆杯状，复有小石人出没其中，戏作以识其事》："彼美白瓷盏，规模来定州。先生文字饮，独酌无献酬。咄哉石女儿，不作蛾眉羞。怜我老寂寞，赤手屡拍浮。子顽不乞火，我醉不惊鸥。无情两相适，付与逍遥游。"[19] "文字饮"，语出韩愈《醉赠张秘书》："不解文字饮，惟能醉红裙。"此取"文字饮"以喻清雅。"我醉不惊鸥"，用《列子》中的故事：海上之人好鸥者，每旦之海上，从鸥鸟游，鸥鸟之至者，百数而不止。其父曰：吾闻鸥鸟皆从汝好，取来吾玩之。明日之海，鸥鸟舞而不下。这里取它略无机心之意。"逍遥游"出《庄子》，但"无情两相适，付与逍遥游"却是化用东坡的"适意无异逍遥游"之句（《石苍舒醉墨堂》）。白瓷盏的形制已尽在诗题中说出，诗便只道其意趣。由诗中所咏可知，酒盏一旦斟满，盏心的小人儿便会混漾于潋潋之中，所谓"赤手屡拍浮"，自然还要借助一半的想象。如此形制的定窑瓷盏，似乎迄未见实物，不过苏黎世瑞特博格博物馆藏景德镇窑影青盘盏一副，盘与盏均为花口，盏心隆起一朵半开莲，莲花心内一个小孔，孔里露出一个小人儿；又柏林亚洲艺术博物馆展厅所陈"悦古堂藏瓷"中的白瓷盏也是相类的一例[20]（图 1-3：2、3），花石咀墓出土的银杯即与之意匠相同。至于装饰手法的简练与繁复，则与材质相关。当然酒器须与诗心碰合方会更多一重曲折和意韵。

19 北京大学古文献研究所《全宋诗》，册六七，页 42246，北京大学出版社一九九八年。

20 前例照片承李凯先生提供，后例系笔者参观所见，照片承王丁先生提供。

图 1 — 3：2 景德镇窑影青盘盏一副　苏　　　图 1-3：3：白瓷盏　柏林亚洲艺术博物馆展陈
　黎世瑞特博格博物馆藏

4 银鎏金狮子戏毬纹四曲花口盘盏一副（图 1 — 4:1、2）

江苏溧阳平桥南宋银器窖藏[21]

21 肖梦龙等《江苏溧阳平桥出土宋代银器窖藏》，页 72，图版五:1、4，《文物》一九八六年第五期。本书照片承镇江博物馆提供。

图 1 — 4：1a 银鎏金狮子戏毬纹四曲花口盘盏一副　江苏溧阳平桥南宋银器窖藏

图 1 — 4：1b 银鎏金狮子戏毬纹四曲花口盏

图 1 − 4：2 银鎏金狮
子戏毬纹四曲花口盘

22 辽宁省文物考古研究
所《三燕文物精粹》，图
九四，辽宁人民出版社
二〇〇二年。

23 江西省博物馆藏，此
为参观所见并摄影。

　　金银盘盏的流行始于唐代，然而在此之前它早已出现，
且已形成比较固定的式样。如辽宁北票北燕冯素弗墓出土
铜鎏金盘盏一副[22]（图 1 − 4：3）。又江西吉安县长塘乡
出土的一副南朝青釉盘盏，承盏之盘中心一圈浅浅的矮墙，
其上坐盏，盘与盏均刻划莲瓣纹[23]（图 1 − 4：4）。两例均
体现了盘盏一副的两个主要特征，即首先盘与盏的造型与
纹样总是一致的，——当然这种一致也可以表现为相互呼
应；其次，承盘的中心必有凸起的一周用以承盏。金银盘
盏的做法也是如此。

图 1 − 4：3 铜鎏金盘盏
北燕冯素弗墓出土

图 1 − 4：4 青釉盘盏
江西吉安县长塘乡出土

作为盘盏一副的盘与盏，二者呼应方式中最直观的一
种是造型一致，此外是纹样的一致。这种一致又表现为两类，
一是完全相同，一是交互映衬。平桥盘盏则是两种形式兼
有之。盏为夹层，高 4.6 厘米，口径 8～9.6 厘米。造型取
用与盘一致的四曲花口，内盏盏心錾狮子戏毬纹。外盏以
一周莲瓣纹托底，四曲间细錾卷云纹为地子，其上各打造
五个乳钉。圈足与盏身连为一体系打作而成，其外一周毬
路纹与盏心的狮子戏毬内外呼应。足底有"李四郎"名和押。
银盘高 1.2 厘米，径 14～18 厘米。盘心錾一个椭圆形的
装饰框，乃为承盘标志，不过这里是把通常凸起的一周易
作錾刻花样，此框内便錾一对折枝牡丹。框外卷云纹的地
子上打作双狮戏毬，折沿外缘錾一周回纹，——宋人称之
为"香印"纹，见《营造法式》卷三三《彩画作制度图样
上》。纹样部分均鎏金。与它相似的有福建泰宁宋代银器窖
藏所出银鎏金狮子戏毬纹八方盘盏一副[24]（图 1－4：5、6），
二者时代也是相近的。

24 李建军《福建泰宁
窖藏银器》，页 66，图三、
图四，《文物》二〇〇〇
年第七期。按本书照片
承三明市文物管理委员
会提供。

图 1－4：5a 银鎏金狮子戏毬纹
八方盏 福建泰宁宋代银器窖藏

图 1－4：5b 银鎏金八方盏盏心

图 1 — 4：6 银鎏金狮
子戏毬纹八方盘

25 四川省文物考古研究
所等《泸县宋墓》，彩版
六四：1、2，文物出版
社二〇〇四年；四川省
文物管理委员会《南宋
虞公著夫妇合葬墓》，页
396，图一六，《考古学报》
一九八五年第三期。

夹层的做法，宋元时候多用于仿古式杯盏，不过这件
银盏只是略存古意。盘与盏题材一致的狮子戏毬纹是宋代
的流行纹样，织绣、金银器等工艺品之外，也常用作建筑
装饰，如四川泸县宋墓，又彭山南宋虞公著夫妇墓中的砖
雕（图 1 — 4：7、8）[25]。后者狮子脊背一溜联珠纹，平桥

图 1 — 4：7 狮子戏毬
纹砖雕 四川泸县宋墓

图1－4：8狮子戏毬纹砖雕　四川彭山南宋虞公著夫妇墓

银盏的狮子纹样竟与它一般无二，更不必说二者图式的一致。狮子所戏之毬，宋人名作"转官毬"，常用作"仕途显达"之祈愿。说见本书卷一第一章第七节。

5 银梅花盘盂一副（图1－5：1、2）
南京江浦黄悦岭南宋张同之墓出土[26]

26 南京市博物馆《江浦黄悦岭南宋张同之夫妇墓》，《文物》一九七三年第四期。器藏南京市博物馆，此为参观所见并摄影。

图1－5：1金钿银梅花盂　南宋张同之墓出土

图 1 — 5：2 银梅梢月纹
盘 南宋张同之墓出土

此盘盂一副是宋元流行的象生花式造型，即盘和盂均
以梅花为式。盘底在浅浅錾出水波纹的地子上打造水边横
斜的一树新枝，梅枝之外留白，惟以轻云新月点缀其间。
盘高 1.9 厘米，口径 14.6 厘米。银盂口沿加金钿，内心打
造梅花一朵，壁间的五个花瓣内各錾折枝梅花。盂高 3.9
厘米，口径 9.5 厘米。

银盘纹饰名作梅梢月。盘心不作浅台，当以酒盂无足
之故。盂壁五个花瓣里各錾折枝花是宋金时代常用的装饰
方法，江苏溧阳平桥南宋银器窖藏中的几件银鎏金象生花
式盏也是如此。而它在瓷器中就更为普遍。如吉林哲里木
盟出土的一件金代定窑酱釉印花四季花卉纹碗[27]。又河北
曲阳县北镇村窖藏中有一件定窑四季花卉印花碗模，底心
一枝石榴花，外壁刻菊花、桃花、莲花、芍药、山茶、芙
蓉折枝六种（图 1 — 5：3）。内壁有铭曰"泰和丙寅岁辛
丑月二十四日画，张记"，则系金章宗泰和六年制[28]。入元
以后，这种装饰方法似乎就不很常见了。

27 穆青《定窑艺术》，
页 156，河北教育出版
社二〇〇二年。

28 河北省博物馆《河北
省博物馆文物精品集》，
图六二，文物出版社
一九九九年。器藏河北
博物院，此为参观所见
并摄影。

图 1 － 5：3 印花四季
花卉纹碗模 河北曲阳
县北镇村窖藏

张同之系唐代诗人张籍之后，南宋词人张孝祥之子。
与他同穴者为继室章氏，乃叶梦得的外孙女。墓中出土的
文房用具如歙砚、端砚，铜制的笔格、镇尺、方水滴子并
各式茶具、酒具等等，俱为精雅之属，可以代表南宋文人
雅士的好尚之一般。

6 银梅梢月纹盘盏一副（图 1 － 6：1、2）

湖南澧县珍珠村元代金银器窖藏[29]

银盘高 1.5 厘米，口径 16.4 厘米，盘心打作一圈凸棱
以为承盘标志，凸棱的圆环里是一弯莲叶捧出的一大朵莲
花，一树梅花占满了盘心外面的一周装饰带，两端梅梢合
抱处是轻云托起的一钩月牙儿。银盏高 4.5 厘米，装饰纹
样与盘一致。湖南涟源市桥头河镇石洞村元代窖藏有与此
纹饰相同的一副银盘盏，不过盘和盏均为六出花式口。两

29 湖南省博物馆《湖南
宋元窖藏金银器发现与
研究》（扬之水、陈建
明主编），图三四一至
三四二，文物出版社二
〇〇九年。

图 1－6：1 银梅梢月
纹盏　湖南澧县珍珠村
元代窖藏

图 1－6：2 银梅梢月
纹盘

副盘盏与前举张同之墓银盘盂，又福建邵武故县村南宋金银器窖藏中的一副银鎏金盘盏所采用的纹样为同一类型[30]（图1－6:3、4），而它正是宋元时代十分流行的装饰题材，金银器之外，瓷器也很常见。

30 王振镛等《邵武故县发现一批宋代银器》，页57，《福建文博》一九八二年第一期。器藏邵武市博物馆，此为观展所见并摄影。

图1－6:3银鎏金梅梢月纹盏 福建邵武南宋金银器窖藏　　　　　　图1－6:4银鎏金梅梢月纹盘

关于纹样的名称，今人说法不一，如月影梅花、梅花照水，又梅月纹，等等。而这样一种流布南北且延续时间很是长久的图案，当日自应有它为时人所认同的一个名称。依据宋元文献和相关的实物遗存，今可把它定名为"梅梢月"。——俪松居藏宋宣和式琴一张，上有"梅梢月"款[31]；古琴曲中有《梅梢月》之名[32]；元杨弘道有词调寄《梅梢月》；元商挺小令〔越调〕《天净沙》有以"梅梢月"为题者[33]。"梅梢月"一词更是频频活跃于宋诗元曲，如景元启〔中吕〕《上小楼·客情》"欲黄昏梅梢月明"；

31 王世襄《自珍集——俪松居长物志》，页4，三联书店二〇〇三年。

32承南通严晓星先生相告："琴曲《梅梢月》谱，见于《西麓堂琴统》卷十一，解题称：'逋仙结庐孤山，中夜吟倚小窗，见梅月争净，遂有此曲。当与暗香疏影之句同作金声也。'明确指出'梅梢月'取意于宋代著名隐士林逋的名句'疏影横斜水清浅，暗香浮动月黄昏'。但古谱中的曲作者托名甚多，且林逋在生前就已拥有不小的名声，它更可能是林逋同时或后世仰慕他的人的创作，未必出于林逋本人之手（《诚一斋琴谈》上说，《梅梢月》一曲是南宋郭楚望所作，即《潇湘水云》的作者）。《西麓堂琴统》成书于十六世纪中叶，以保存了大量唐宋至元末明初的遗响而著称。当代琴人许健已将《梅梢月》谱打出，也认为此曲当为明代以前的作品。又，王世襄先生曾藏有宋代宣和式琴一张，即名'梅梢月'。可见'梅梢月'一词，在宋元时已为习见语，名物而写意，不脱高洁雅致之风。"

33《全元散曲》，页 60。

34《全元散曲》，页 1147；页 1662。

35《邵武故县发现一批宋代银器》（见注 30），页 57。按本书照片承福建省博物院暨邵武市博物馆提供。

如无名氏〔正宫〕《塞鸿秋》"爱他时似爱初生月，喜他时似喜看梅梢月"[34]，等等。作为工艺品装饰的流行纹样，它的名称与同时之艺文和语词正是一致的。

7 银鎏金魁星盘盏一副（图 1 − 7：1、2）

福建邵武市故县村南宋窖藏[35]

图 1 − 7：1 银鎏金魁星盏 福建邵武南宋金银器窖藏

图 1 − 7：1a 盏心

图 1 － 7：1b 外壁图案：醉游花市

图 1 － 7：1c 外壁图案：接报

图 1 － 7：1d 外壁图案：凤楼人

图 1 － 7：1e 外壁图案：手攀仙桂

图 1 － 7：2 银鎏金魁星盘

36 宋人讲述的一则故事颇与这里的情境相合，——《扬州茅舍女子》："扬州士人，失其姓名。建炎二年春，因天气融和，纵步出城西隅，遥望百步间有虹晕烨然，如赤环自地吐出。其中圆影，莹若水晶，老木槎枒，斜生晕里，下有茅舍机杼之音。试徐行入观，潇洒佳胜，了非尘境"，"白皙女子四五辈"，"交梭组织白锦"。"遍而视之，锦纹重花交叶之内，有成字数行：第一行之首曰李易，稍空，次又一人姓名，复稍空，又一人焉，如此以十数。乃拱手问之曰：'织此何为？'一人毅然而对曰：'登科记也，到中秋时候当知之。'余无一语。"士人辞退，待出得虹晕，回头注目，荡无所睹。"至八月，始唱名放榜，第一人曰李易，其下甲乙之次无一差，易正扬人也。于是悟首春所届，盖蟾宫云。"（《夷坚支志·庚》卷九）

37 盘长 19 厘米，宽 14.5 厘米，重 107.9 克。按图片与数据均承江西省博物馆提供。

　　银鎏金八角盏为夹层，高 5.5 厘米，口长 9.3 厘米，宽 7.5 厘米，内层杯心錾刻一首《踏莎行》，词云："足蹑云梯，手攀仙桂，姓名高挂登科记。马前喝到（道）状元来，金鞍玉勒成行对。宴罢琼林，醉游花市，此时方显平生至（志）。修书速报凤楼人，这回好个风流婿。"盏身外壁六个开光布置为六个连续的画面，以为《踏莎行》词意。相对两个长边的开光里，分别表现主题中的两番意思，即一边是"宴罢琼林，醉游花市"，一边为垂柳依傍的宅第一座，两扇大门开启，高高的台阶向上铺展，尽端一溜垂幔，以见"凤楼"之意。女主人闻讯，已在阶前伫候。窄边各有三个相对的小开光，一边是"足蹑云梯，手攀仙桂，姓名高挂登科记"的图解，即桂树一株，士子踏一朵祥云正在攀枝折桂，桂树旁边一座殿阁，便是蟾宫，门首大书"登科记"三字[36]。一边是马前喝道与垂柳下侍儿接报的连续画面。

　　构图与它相似者有江西新建县出土的一件银菱花口承盘[37]。盘心打作用来承盏的一个菱花形凸棱框，框内錾刻一首与邵武银盏相同的《踏莎行》。框外安排图案。两侧垂柳三株，花开正茂的一株桂树撑满画面上方。树前通衢之上一行五人，前行一人捧喜报，后面两人打旗，一面旗上大书"天下状元"，状元骑马执鞭，末一人随行于马后张伞盖。垂柳之侧一带楼居，楼上女子凭窗眺望，亦所谓"修书速报凤楼人"，"马前喝道状元来"（图 1 — 7：3）。

　　邵武银盏盏心和新建银盘盘心的刻词见于明洪楩编宋人小说《清平山堂话本》中的《简帖和尚》，其入话部分讲咸阳宇文绶与娘子王氏的"错封书"故事，曰宇文绶做了只曲儿，唤作《踏莎行》，即是这一阕，惟字句稍有不同。此词当日在民间应颇为流行，南戏《张协状元》第二十出的下场

图 1－7：3 银魁星盘
江西新建县出土

诗便是它的摘句，道是"马前喝道状元来，这回好个风流婿"。
状元游街在文人词里也是热门话题，如北宋张先《少年游慢》
"花探都门晓，马跃芳衢阔。宴罢东风，鞭梢一行飞雪"，词
意与《踏莎行》相同，不过文辞典雅而已。选取这一题材来
作装饰纹样，自是讨人欢喜，用作酒器便更为合宜。

　　邵武银盘长 17.5 厘米，宽 13.4 厘米，式样与盏相谐。
如此一组两件自是酒器中的盘盏一副。盘心以打造工艺装
饰人物故事图。故事情节即系在画面中心的一方小小莲池，
池中腾起祥云数朵，云起处一尾游鱼，云端上一条舞龙。
图案左下四角亭边几丛竹，云端飞下栖竹凤。上方轩内一
人捧书读。亭子旁边轻烟袅袅的一个三层台似是丹炉，一
如果以元代方士画的偃月炉亦即太乙神炉为对照的话38。
右下角的"携琴访友"乃南宋绘画中常见的图式，在这里
借寓方外羽客，点缀风雅。此盘的独具匠心之处在于把通
常承盘中心的装饰框巧妙化作图案故事中的一个重要情节，
即生出鱼龙变化的莲池。

38 赵匡华等《中国科
学技术史·化学卷》，
页 405，科学出版社
一九九八年。

银盘图案的设计来源之一为邗子的传说。刘向《列仙传》卷下《邗子传》云："邗子者，自言蜀人也，好放犬子。时有犬走入山穴，邗子随入，十余宿行，度数百里，上出山头，上有台殿宫府，青松树森然，仙吏侍卫甚严。见故妇主洗鱼，与邗子符一函并药，便使还与成都令桥君。桥君发函，有鱼子也。著池中养之，一年皆为龙形。复送符还山上。犬色更赤，有长翰，常随邗子，往来数百年，遂留止山上，时下来护其宗族。蜀人立祠于穴口，常有鼓吹传呼声。西南数千里共奉祠焉。"这一则故事也收在《太平御览》，见卷九〇五《兽部·狗下》，惟字句多有不同，如邗子作列子，又省略了桥君，等等。故事里，犬依然是主角，鱼龙变化也是不曾忽略的情节。之后的不断流传，这一情节在人人欲求"姓名高挂登科记"的时代里，似乎是被提取出来赋予了新的意义，或者说从中生发出另外的主题，即同鲤鱼跃龙门的传说联系在一起，而成为登科的象征。陕西历史博物馆藏一件与此纹样近同的银盘，而庭院中的两楹屋宇檐下分别悬挂"书堂"与"道院"的匾额。或据明蒋一葵《尧山堂外记》所录罗隐《过梁震居留题》一诗，将它名作"荆台隐士图银盘"[39]，不过罗隐卒于后梁开平年间，梁震至后唐时始在荆南握重权，则此诗出自罗隐似无可能，那么银盘讲述的自然也不是梁震亦即荆台隐士故事。"道院迎仙客，书堂隐相儒。庭栽栖凤竹，池养化鱼龙"，或为宋人诗[40]，似乎颇流传于民间，金代磁州窑枕也以此诗为枕面装饰。如童宇所说，银盘图案与此诗大致相合。不过不论图像还是文字，作为装饰纹样，取意应都在于"鱼化龙"。

鱼化龙的情节在后世已是独立成篇，并且作为一种

39 童宇《银鎏金荆台隐士盘故事小考》，页47～49，《收藏家》二〇一七年第十二期。

40 姚勉《郡守宴状元乐语》即引此诗第一句。汤华泉《唐宋文学文献研究丛稿·关于"神童诗"》，页439，安徽大学出版社二〇〇八年。

艺术语汇在不断使用。比如日本东京国立博物馆及冈山
美术馆收藏的两件雕漆楼阁人物图捧盒。前者为菱花式
造型，后者为圆形，鱼化龙的图案均布置在盒盖上面的
圆形开光里。楼阁，松竹，边缘点缀山石的池塘，构图
的几个基本要素大抵相同，与邵武银盘在纹样上的一脉
相承则令人一目了然，而在鱼龙变化之瞬间的几个细节
刻画上却特别有着点题的生动，虽然冈山美术馆藏的一
件并没有刻画出龙来，而只是用祥云腾涌象征龙的破空
飞去。画面中池畔人物的举手投足，若惊若喜，也与情
节呼应得更为紧密[41]（图一 — 7：4、5）。两件漆捧盒的
时代约当明中期。

41 德川美术馆等《彫漆》，
图一三二，图一七四，大
塚巧藝社一九八四年。

图一 — 7：4 雕漆捧盒图案局
部 东京国立博物馆藏

图一 — 7：5 雕漆捧盒图案局
部 冈山美术馆藏

最后再来讨论邵武盘盏的定名。周密《癸辛杂识·后集》"光斋"条云："太学先达归斋，各有光斋之礼，各刻于斋牌之上。宰执则送真金碗一只，状元则送镀金魁星杯杆一副。"魁星是司文章之神，本名奎星，为天宫星座之一，《孝经援神契》称"奎主文章"，宋均注曰"奎星屈曲相钩，似文字之画"，科举取士，列在第一者称为"魁"或"魁首"。宋人或书"魁"字装轴悬挂。明清吉祥图案中有魁星点斗，最常见的一种是神像为鬼，提笔举足反顾点斗，即把魁字图像化。不过这种纹样宋代尚未流行。而邵武盘盏以鱼化龙和状元游街为表现内容，正与"魁星"之意相合，那么这正是银鎏金魁星盘盏一副。

8 银鎏金莲塘纹盘（图 1 - 8：1）

湖南澧县珍珠村元代金银器窖藏[42]

元代金银盘盏的发现远多于台盏。盘盏的形制、纹饰与宋代相比，区别不算太大。就造型来说，宋代的异形盘盏如八方、椭圆等比较多，元代则不很常见。《衢州文物精品》著录一副宋银鎏金莲塘纹盘盏，通高六厘米，盘长 18 厘米，宽 14.5 厘米；盏长 9.8 厘米，宽 4.6 厘米[43]。盘内底作为承盘标志的圆心里錾刻相向而开的两朵折枝花，圆心之外的一周錾刻细密的水花以为涟漪，涟漪上面浮出八朵莲花和

42《湖南宋元窖藏金银器发现与研究》（见注29），图三四三。

43 衢州市博物馆《衢州文物精品》，页11，西泠印社一九八八年。

图 1 - 8：1 银鎏金莲塘纹盘 湖南澧县珍珠村元代窖藏

漾起的一圈圈水泡。盘上面坐一个与它纹样一致的椭圆形
银鎏金夹层盏（图 1 — 8：2）。珍珠村银盘高 1.2 厘米，口
径 16.5 厘米，与衢州银盘相比，只是造型不同，即圆与椭
圆之别。而它原为承盘也无疑义，虽然失盏。

图 1 — 8：2a 银鎏金莲塘纹盘盏一副　衢州市博物馆藏

图 1 — 8：2b 银鎏金莲塘纹盘盏一副·盘

9 银牡丹花盘（图 1 — 9：1）

湖南衡南县南涧村元代银器窖藏[44]

44《湖南宋元窖藏金银器发现与研究》（见注29），图五八八。

图1—9:1银牡丹花
盘 湖南衡南县南洞村
元代银器窖藏

45《邵武故县发现一批
宋代银器》(见注30),
页57。按本书照片为参
观所摄。

梅梢月纹之外,牡丹、菊花、蜀葵、芙蓉,都是象生
花式盘盏最常取用的造型。这也是宋代即已流行的做法,
如福建邵武市故县村南宋窖藏中的银鎏金菊花盘盏一副[45]
(图1—9:2)。又四川彭州宋代金银器窖藏中的一枚银艾

图1—9:2银鎏金菊
花盘盏一副 福建邵武
南宋金银器窖藏

叶式盘，就其形制来看，也是盘盏一副中的承盘[46]。元承宋式而又加以变化，即元代的"象生"或更多一点装饰意味。

　　银盘高 1.5 厘米，口径 16 厘米。造型取意于重台牡丹，盘心打作花蕊，然后依次向外推出以弦纹分隔的四圈装饰带，内圈是向着花心翻卷合抱的一重花瓣而成凸起的浅台，其外打作一周缠枝牡丹，再外一圈为重瓣纹，外环是做成花口的小折沿，其上打作一周折枝花。外底楷书"乙卯罗明叔置"。银盘好似以锤、錾代笔写绘的工笔牡丹，盘心花蕊尤其刻画精细，中心三个波卷便是用作表现雄蕊花丝顶端的花药，是力求肖似的写实风格，不过依据盘的造型而表现为俯视的效果。中心的浅台原是用作承托酒盏，只是酒盏已失。同出尚有与它可成一对的银菊花承盘，与盘配套之盏也已无存。两件承盘的设计构思相同，惟将牡丹易作菊花，而在花蕊中打作一对相向而飞的小蜜蜂。同它意匠相似者，有澧县珍珠村窖藏中的一件银錾蝶赶菊纹盘，不过纹饰与工艺稍稍有异。即盘心不打作花蕊，而只是錾刻一只采花蝴蝶以示意，外环打作花瓣一周，花心之外錾刻缠枝菊花，花枝间点缀蝴蝶与花鸭；花鸭，即《营造法式》卷三三《彩画作制度图样上》中列举的"华鸭"。其外复打造菊花瓣以为浅盘壁，近缘处装饰一周折枝花做成小折沿。盘高两厘米，口径 16.8 厘米（图 1—9：3）。又湖南株洲市博物馆藏一件"辛卯陈荣卿造"金承盘，为元代物，造型与珍珠村窖藏银承盘相同而花心之外打作折枝菊花，花心錾刻两只舞凤，舞凤之间依然一对采花蝶[47]（图 1—9：4）。元代"辛卯"有二，一为至元二十八年，一为至正十一年，今推定它为后者。就制作工艺来说，这是最为工致的一例。

46 成都市文物考古研究所等《四川彭州宋代金银器窖藏》，彩版四六：1，科学出版社二〇〇三年。按图版说明作"树叶形银茶托"。

47 株洲市博物馆展厅所见，本书照片承湖南省博物馆提供。

图 1 — 9 : 3 银錾蝶赶
菊纹盘 湖南澧县珍珠
村元代金银器窖藏（谭
远辉摹）

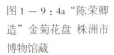

图 1 — 9 : 4a "陈荣卿
造" 金菊花盘 株洲市
博物馆藏

图 1 — 9 : 4b 金 菊 花
盘盘心

10 银芙蓉花盘（图1－10：1）

湖南涟源桥头河镇石洞村元代银器窖藏[48]

48《湖南宋元窖藏金银器发现与研究》（见注29），图五七七。

图1－10：1银芙蓉花盘　湖南涟源桥头河镇石洞村元代银器窖藏

芙蓉本是荷花的别名之一，这里的芙蓉是指锦葵科的芙蓉，与水芙蓉相对，它也称作木芙蓉，又苏颂《本草图经》称作"地芙蓉"，范成大《桂海虞衡志》称作"添色芙蓉花"，因金秋开放，故又名作"拒霜花"。花开后色由浅红转深红，迎霜带露，别具一种娇艳。苏轼《和陈述古拒霜花》"千林扫作一番黄，只有芙蓉独自芳"，王安石《木芙蓉》"水边无数木芙蓉，露染燕脂色未浓"，南宋姚勉《芙蓉》"水芙蓉了木芙蓉，湖上花无一日空"，由台北故宫博物院藏宋代刺绣《黄筌画芙蓉螃蟹图》可以会得宋人对它的种种赞语（图1－10：2）。四川彭州宋代金银器窖藏中有银芙蓉花承盘一对[49]（图1－10：3），通常应有与它合作一副的银盏，如四川蓬安县南燕乡龙滩子村南宋窖藏出土的银芙蓉花盘盏一副[50]（图1－10：4），如无锡市元钱裕墓出土的银鎏金芙蓉花盘盏[51]（图1－10：5）。涟源银盘口径17.5厘米，重104.7克，盘系打造成型，式如一枚银芙蓉，盘心凸起

49《四川彭州宋代金银器窖藏》（见注46），彩版二七。

50 杨伯达《中国金银玻璃珐琅器全集·金银器》，第二卷，图二四二（说明作"银芙蓉花形盏托"），河北美术出版社二〇〇四年。

51 无锡市博物馆《江苏无锡市元墓中出土一批文物》，《文物》一九六四年第十二期。器藏无锡博物院，此为参观所见并摄影。

图1－10∶2刺绣《黄
筌画芙蓉螃蟹图》局
部 台北故宫博物院藏

图1－10∶3银芙蓉
花盘 四川彭州宋代金
银器窖藏

图1－10∶4银芙蓉
花盘盏一副 四川蓬安
县南燕乡南宋窖藏

三枚花瓣合抱的花蕊，由花心向外铺展的两重花瓣用虚线
细錾脉理，纹样和做工与彭州银盘几乎完全相同。

图1－10：5银鎏金
芙蓉花盘盏一副 无锡
市元钱裕墓出土

第二节　散盏

11 银花盏（图1－11：1、2、3）

江苏溧阳平桥南宋金银器窖藏[52]

　　相对于台盏与盘盏，酒器中又有"散盏"。四川南江
县玉泉乡欧家河窖藏出土同式九件银花口盏，银盏口部压
印"辅家记"，又錾刻长铭一周曰"两司库管银打造到清
酒都务散盏一百只，共重百玖拾贰两陆钱半，嘉定二年
十一月十五日，银匠辅显之、李三一，监管逯定、范世昌"[53]
（图1－11：4）。当然散盏也必要用到承盘，只是盘和盏
不成为造型与纹饰一致的"一副"。换句话说，凡与盘不
构成固定组合的盏，均可作"散盏"看。

　　散盏式样很多，前举自铭"散盏"者是光素无纹的一种，

52《江苏溧阳平桥出土
宋代金银器窖藏》（见注
21），页71，图一：1～7。
本书照片承镇江博物馆
提供。

53《中国金银玻璃珐琅
器全集·金银器》（见
注50），第二卷，图
二四三。

图1—11:1 银鎏金
栀子花盏 江苏溧阳平
桥南宋金银器窖藏

图1—11:2 银鎏金梅
花盏 江苏溧阳平桥南
宋金银器窖藏

图1—11:3 银鎏金葵
花盏 江苏溧阳平桥南
宋金银器窖藏

图 1 — 11：4 "散盏"
铭银花口盏 四川南江
县玉泉乡欧家河窖藏

在设计上巧用心思的一类则为"十花盏"，其名见于宋徽宗《宣
和宫词》："十花金盏劝仙娥，乘兴追欢酒量过。烛影四围深
夜里，分明红玉醉颜酡。""十花金盏"之"十"，可以是实
指，也可以是概指，范成大《菊谱》录有"十样菊"，说它"一
本开花，形模各异，或多叶，或单叶，或大，或小，或如金
铃。往往有六七色，以成数通名之曰十样"。十花，自然也
可以是六七色为一组而以成数通名之曰"十花"。溧阳平桥
窖藏中的象生花式银盏一组六件，其中四件鎏金。六盏大
小、轻重约略相等，相异只在造型和装饰纹样，即盏口分
别作成梅花、秋葵、菱花、栀子、莲及千叶莲花，盏心和
内壁的每一曲都各依盏口花式不同而分别装饰相应的图案。
象生花式盏的制作一直流行到元代，临澧新合元代窖藏中
的金银酒器即与平桥酒器的组合很相似，其中的象生花式
盏之属，为"廖卿"款金菊花盏一，金梅花盏一对，银葵
花盏一，银梨花盏一，银莲花盏二，银荷叶盏一[54]。不过
盏壁各个花瓣里装饰折枝花的办法元代已经很少使用。

12 银蜂赶菊纹菊花盏（图 1 — 12：1）
湖南涟源桥头河镇石洞村窖藏[55]

54 《湖南宋元窖藏金
银器发现与研究》（见
注 29），图二二三至
二二五；图二三一至
二三五。

55 《湖南宋元窖藏金
银器发现与研究》（见注
29），图五七二。

图 1 — 12：1 银蜂赶
菊纹菊花盏 湖南涟源
桥头河镇石洞村元代
银器窖藏

菊花盏和葵花盏是元代象生花式盏中最常见的两种样式，其流行均始于宋，彭州窖藏中的一件金菊花盏，构思与同出的象生花式盘盏相同，即整个造型以菊花为式，圈足做成菊瓣纹，盏心打造花蕊，盏高 4.6 厘米，口径 10.4 厘米，重 124 克。足外壁有铭曰"绍熙改元舜字号"[56]（图 1 — 12：2）。绍熙是宋光宗年号，改元当为一一九〇年。菊花盏的造型艺术也应与绘画作品密切相关，故宫藏南宋册页《丛菊飞蝶图》便好像是它的粉本（图 1 — 12：3）。元代

56《四川彭州宋代金银器窖藏》（见注 46），页 4，彩版一。

图 1 — 12：2 金菊花盏 四川彭州南宋金银器窖藏

图 1 — 12：3《丛菊飞蝶图》局部 故宫藏

菊花盏沿用此式，画作中的蝴蝶且拈来添助意趣，于是成为元明流行的装饰纹样蝶赶菊、蜂赶菊。湖南临澧新合窖藏中的"廖卿"款金菊花盏即与彭州金盏同型，而盏壁菊瓣为双重，尺寸略小，材质则轻薄得多，——通高 4.5 厘米，口径八厘米，重 62.9 克 [57]。涟源窖藏中的这一件制作工艺更见精细，盏壁菊花为三重，外缘一周又加饰折枝花，盏心是细瓣舒展捧出的一簇花蕊，蕊心一对采花蜂。盏高 6.2 厘米，口径 11.6 厘米，重 80 克。

《事林广记·庚集》卷九《绮语门》在"菊花"名下举其"绮语"，曰"傲霜"，曰"寿客"。"寿客"之称正是所谓"口彩"，祝寿风气之下，菊花盏特别为人所喜，此或即原因之一。

57《湖南宋元窖藏金银器发现与研究》(见注29)，图二二三。

58《四川彭州宋代金银器窖藏》(见注 46)，彩版二〇。

13 银葵花盏（图 1 − 13：1）
四川彭州南宋金银器窖藏 [58]

图 1 − 13：1a 银葵花盏 四川彭州南宋金银器窖藏

图 1 — 13：1b 银葵花
盏盏心

　　宋元时代所谓"葵花"，均指锦葵科的蜀葵、黄蜀葵之
类。洛阳邙山宋代壁画墓出土一对银葵花盘，盘心装饰反
向而开的两株折枝黄蜀葵，盘沿有铭曰"行宫公用葵花盘
式面共重捌两"[59]，可为确证。蜀葵为中土原产，可以说是
传统观赏花木，当然在先秦时代它的食用远重于观赏。《尔
雅·释草》列有"木堇"，郭璞注："似李树，华朝生夕陨，
可食。或呼日及，亦曰王蒸。"《释草》之"戎葵"，郭注：
"今蜀葵也。似葵，华如木槿，黄。"宋元时代为酒人所喜者，
则是锦葵科中的黄蜀葵，亦名黄葵，秋葵，更有名曰侧金盏。
《证类本草》卷二七"黄蜀葵花"条引寇宗奭《衍义》曰：
"黄蜀葵花，与蜀葵别种，非为蜀葵中黄者也。叶心下有紫
檀色。"黄蜀葵花开鹅黄色，花心晕作紫红，即古人所艳称
的"檀心"，雄蕊花丝结合若筒而探出很长。宋人常用一副
写实笔墨在花卉小品中把黄蜀葵表现得风神俱佳，如分别
收藏于四川省博物馆和上海博物馆的南宋册页《秋葵图》〔图

59 洛阳市第二文物工作
队《洛阳邙山宋代壁画
墓》，页 47，图二七：1，
《文物》一九九二年第
十二期。

60《王伯敏所藏赵昌花四首·黄葵》。

61《全芳备祖·前集》卷一四。

62《全宋词》,册一,页105。

63《葵花叹》,顾嗣立《元诗选·初集》,页2144,中华书局一九八七年。

1－13：2）。苏轼题赵昌黄葵图句云"低昂黄金杯，照耀初日光。檀心自成晕，翠叶森有芒"[60]；潘德久"一树黄葵金盏侧，劝人相对醉春风"[61]；晏殊《菩萨蛮》"晚来清露滴，一一金杯侧"[62]；元郭钰"蜡光腻粉花正开，翠袖捧出黄金杯"[63]，都是以酒盏乃至酒事拟喻葵花，而绘画与诗词中的黄蜀葵，似即宋元酒器造型重要的构思来源。

图1－13：2《秋葵图》局部 上海博物馆藏

彭州银盏为一对，尺寸与重量微有不同。其中一件通高5.2厘米，口径12.3厘米，重107克。器肖黄蜀葵之形，盏心錾刻的花中花和中心凸起的花蕊均鎏金，盏口以及花瓣之间分别用缠枝石榴、缠枝莲花、缠枝菊花等做出装饰带。盏心的花中花应即表现秋葵之"檀心"[64]，花蕊高耸也正是秋葵的特征之一，宋人或戏称葵花盏中的花蕊为"水心亭"。钱功《滹山杂识》"蝇子入水心亭"一则云："张文潜喜饮酒，能及斗余，每过先君，未尝不醉。吾家酒器唯银葵花最大，几容一升。一日，先君以盘盏饮，文潜意不快，谓先君曰：愿借水心亭饮之。先君即命换盏，且问文潜所以名。文潜曰：

64 周密《武林旧事》卷七：淳熙五年二月初一日，"上过德寿宫起居，太上留坐冷泉堂"，饮酒赏乐，太上"宣索黄玉紫心葵花大盏"，亲自宣劝。此"紫心"当是巧用黄玉之俏色而成，亦是形肖秋葵之"檀心"。

饮必有余沥，蝇子正飞在盏蕊上，岂非人之水心亭乎。坐
客皆大笑。"文潜即"苏门四学士"中的张耒。所谓"以盘
盏饮"中的盘盏，前举诸种即是也。"银葵花"，则彭州银
盏可以当之，惟容量不及其大，——宋代一升等于940毫
升，"水心亭"的尺寸当稍大一些。葵花盏也曾发现于哈尔
滨新香坊金代墓地[65]。它在元代依然是流行样式，湖南澧
县珍珠村、临澧新合、石门等元代金银器窖藏中均有银葵
花。出自新合窖藏的一件高六厘米，口径12厘米，其他几
件也约略如是[66]，总之，尺寸大小及造型与工艺均同彭州
银葵花相似，不过未于花部鎏金，盏心也不做出高耸的花蕊，
但意匠无疑是同源的。

14 银教子升天杯（图 1 – 14：1）

江苏金坛湖溪元代窖藏[67]

　　银杯通高 3.9 厘米，口径 6.8 厘米，下有圈足，杯外
壁别饰一个打造并接焊成型的螭虎，长身绕杯，攀沿耸首。
与它同类者，有四川彭州南宋金银器窖藏中的一对银夹层

65 黑龙江省博物馆《哈尔滨新香坊墓地出土的金代文物》，图版二：3，《北方文物》二〇〇七年第三期。

66《湖南宋元窖藏金银器发现与研究》（见注29），图二三四。

67 肖梦龙《江苏金坛元代青花云龙罐窖藏》，图版六：2，《文物》一九八〇年第一期；《中国美术全集·工艺美术编·10·金银玻璃珐琅器》（见注51），图一四九。

图 1 – 14：1 银教子升天杯　江苏金
坛湖溪元代窖藏

图 1 – 14：2 银教子升天夹层盏　四川彭
州南宋金银器窖藏

盏（图 1 — 14：2），又出自湖南临澧柏枝乡南宋金银器窖藏
的银杯盘和贵州遵义播州土司杨价夫妇墓出土的金杯盘[68]。
银杯盘一副，杯高 7.8 厘米，口径 9.2 厘米，系双层结构。
外杯腹部錾刻回旋翻滚的海浪，其间打作一对尾端相接环

68《四川彭州宋代金银
器窖藏》（见注 46），彩
版一九。按图版说明作
"龙纹夹层银杯"；《湖
南宋元窖藏金银器发现
与研究》（见注 29），图
四三至四四；贵州省文
物考古研究所等《贵州
遵义市新蒲播州杨氏
土司墓地》，图二三、
二四（页 96），《考古》
二〇一五年第七期（本
书照片为观展所摄）。

图 1 — 14：3 教子升天银杯盘　湖南临澧柏枝乡南宋金银器窖藏

绕杯身的螭虎，它腾身跃起的部分却是用另外两枚银片打
造成形，扣合之后成为杯耳，不过已失其一。内杯口沿錾
刻一周水波纹，杯心錾折枝牡丹。承杯之盘高一厘米，直
径 16.8 厘米，盘心用作承杯的浅圆台与杯心对应，也是錾
刻反向而开的一对折枝牡丹。盘心外缘錾刻纤细的水波与
卷云，水云间打作两首相向而舞的双螭，窄折沿上錾一周
绚纹，与银杯在一起的有一个极轻极薄的瓜蒂钮银盖[69]（图
1 — 14：3）。金杯盘一副，杯系夹层，外层以水波纹为地子，
两螭绕杯腾跃于上，螭首分别探出杯口以成杯柄。螭身原
是另外打制成型然后焊接于杯壁，螭头再以片材打制成形
焊于杯颈，浓眉大眼，一对圆圆的耳朵细錾螺旋纹，超长
的独角向后披垂，神态生动如两螭对望。杯口一周香印纹。
圈足系接焊，上方錾了一周如意云，下方为鱼鳞旗脚。金

69 金银酒盏加盖子的实
例，又有播州土司杨价
墓出土一副金台盏（《贵
州遵义市新蒲播州杨氏
土司墓地》，图二六（页
97）。按《宋会要》记孝
宗淳熙五年三佛齐国进
表，诸般贡物中有"渗
金劝盃连盖一副"（《宋
会要辑稿·蕃夷七》〔刘
琳等校点〕，册十六，页
9971，上海古籍出版社
二〇一四年），则讲究的
饮器也或配有盖子。

图 1 — 14：4a 教子升天金盘盏一副·盘

图 1 — 14:4b 教子升天金盘盏一副·盏
贵州遵义播州土司杨价夫妇墓出土

盘同样以海浪纹为地子，盘心浪高接天化作云气，双螭盘旋
于水波间，螭尾宛转于浪尖如缠枝卷草，螭口互衔螭尾作嬉
戏状。螭首眉心处一个博山，上錾一个王字（图 1 — 14:4）。

　　几例杯盏采用的造型与纹饰，均是宋代开始流行的"教
子升天"。作为装饰纹样，它最初大约是用于玉杯。清姜绍
书《韵石斋笔谈》卷上有一则纪事，题作"宣和玉盂记"。
关于玉盂样式，《记》曰："宋宣和御府所藏玉盂三，其一
内外莹洁，绝无纤瑕，盂口耸出螭头，小螭乘云而起，夭
矫如生，名教子升天，真神物也。二名八面玲珑。三则单
螭作把，外多花纹，钩碾精工，莹白过于教子，而神彩稍逊。"
纪事中的玉杯虽已不存，但同此类型者仍有传世之珍，如《中
国玉器全集》著录故宫收藏的一件宋代玉杯[70]。杯高 7.3 厘
米，口径 14 厘米，玉有赭色浸斑，花口，杯身以花瓣为界
作出六个开光，开光里的水波间各现姿态不同的六螭，其
外的四角则以翩然转腾的变形小螭作为呼应。玉杯外壁的
一侧镂雕一螭，螭爪攀在杯沿，长尾用力撑拄杯壁，耸身
蓄势，正是将要跃起的一刻（图 1 — 14：5）。宣和玉杯之
一的单螭把杯，所谓"外多花纹，钩碾精工"，此杯庶几近之。

70　杨伯达《中国玉器
全集·5》，图版一〇
七，河北美术出版社
一九九三年。按图版说
明称作"白玉夔龙柄葵
花式盘"。

图 1－14：5 教 子 升
天白玉杯 故宫藏

《说文·虫部》："螭，若龙而黄，北方谓之地蝼，从虫，
离声。或云无角曰螭。"《吕氏春秋·举难篇》"螭食于清而
游乎浊"；注云："螭，龙之别也。"可知螭本龙的别种，不
过龙有角，螭则否。但从历代装饰纹样来看，螭与龙的区
别似在面目，而不在角的有无。定型之后的龙纹，长角耸
立，怒目睢眙，须鬣奋张，威风凛凛之态是其形象之一般。
螭的有角无角，则无一定之规，即便有角，却也是不很醒
目的一对贴在头顶，鹅蛋脸，重眼圈，大眼睛，嘴角弯弯
开在下颔，且无鬣无须，与龙相比，螭的风神态度竟可以
用着"温顺"二字。此外龙和螭的爪，区别也是明显的。
在实际运用中，龙纹常常为礼制所限，并且有时会很严格，
螭则不然，而它的蜿蜒蟠曲天矫腾挪本来与龙无别，自然
为工匠提供了更为自由的驰骋巧思和施展才艺的创作空间。

以龙首或兽首衔杯为把手的做法，早见于上古铜器，宋
吕大临《考古图》即曾著录多件，宋人对这样的造型自然是
熟悉的。传统因素之外，两宋绘画中的《教子升天图》或者
也是启发设计思想的来源之一。好古成为时尚自宋始，时尚
背景下的工艺品制作却是融汇古今，古为今用。教子升天玉杯

染得画风而使玉作的取材别见新巧，撷取古意而与时风相
融，其造型因此活泼而又有端重的气韵。宋代工艺品制作中，
它可以说是特别成功的一例，因此又不仅宋元金银杯盏以
它为式，其他各种质地的追仿之作也有不少，风气且一直
延续到明清。

15 银龟游莲叶纹双层盏（图 1 - 15：1）
湖南临澧新合元代金银器窖藏[71]

71《湖南宋元窖藏金银
器发现与研究》（见注
29），图二二九至二三〇。

图 1 - 15：1a 银 龟 游
莲叶纹双层盏 湖南临
澧新合元代金银器窖藏

图 1 - 15：1b 内盏盏心

作为祝寿用器，宋元时代流行的又有以"龟游莲叶"为题材的杯和盏。新合银盏高六厘米，口径 8.5 厘米，系内外双层结构。外层腹部錾刻流云地子，流云上打作有浮雕效果的灵芝与展翅的仙鹤。内盏盏心錾刻叶脉纤细的荷叶，叶心垫起一枚小小的银圆片，圆片上面浮搁一个只有龟的头尾和四肢的架子，圆片两侧复焊接起用两个支架高高撑起的龟背，最后再套上一个直径比圆垫片略大一点的小银圈，龟的头尾和四肢因此可以自由摇摆，一旦盏中酒满，便恍若莲叶被风，龟遂可动可摇。相似的例子，也见于彭州宋代金银器窖藏，同式者为十件"张家十分"银盏[72]。盏通高 4.8 厘米，口径 9.4 厘米，盏心装饰的设计用心二者相同，惟乌龟不是分体制作，而是在盏心直接打造凸起的轮廓，然后錾刻龟甲纹路。莲叶则以微呈断续的细线双钩，錾为二十六道向圆心聚

72《四川彭州宋代金银器窖藏》（见注 46），页 57，彩版一六。按九件均有铭曰"张家十分"，一件残。

图 1—15：2a 银龟游莲叶纹盏盏心　四川彭州宋代金银器窖藏

图 1 — 15b 银龟游莲叶纹盏 四川彭州宋代金银器窖藏

拢的叶脉（图 1 — 15 : 2）。如此，注酒之后也同样会有水波滉漾的效果。诗云"酒凸觥心泛滟光"、"十分潋滟金樽凸"，便正可视作此类饮器之赞[73]。

几件银杯盏的纹样，按照宋人的说法，均可名作"龟游莲叶"[74]。洪适有词调寄《生查子》，题曰"姚母寿席，以龟游莲叶杯酌酒"，句云"碧涧有神龟，千岁游莲叶。七十古来稀，寿母杯频接"[75]；《临江仙·寿周材》末云"巢莲龟问岁，介寿酒融春"[76]，所咏皆是此类。其取意本自《史记》中的《龟策列传》，即所谓"龟千岁乃游莲叶之上，著百茎共一根，又其所生，兽无虎狼，草无毒螫，江傍家人常畜龟饮食之，以为能导引致气，有益于助衰养老"。龟游莲叶的故事影响于世很深，葛洪在《抱朴子内篇》卷三中复引《玉策记》而阐扬其意，南北朝时已多有诗作咏及，如梁朱超《咏同心芙蓉诗》"鱼惊畏莲折，龟上碍荷长"；北齐赵儒宗《咏龟诗》"不能著下伏，强从莲上游"[77]，等等。至唐而风行依然。出自敦煌的一件瑞应图，中有卧于荷叶

73 杜牧《羊栏浦夜陪宴会》；苏轼《有美堂暴雨》。后者原写雨泻池塘，而以此拟喻，故叶廷珪《海录碎事》摘此一句入卷六《饮食器用部·酒门》，拟题作"金樽凸"。

74 饮器之外，酒器中果盘也常采用这一纹样，如江苏溧阳平桥南宋金银器窖藏中的一件银莲花盘，浅盘壁打作莲花瓣，盘心装饰一枚莲叶，上卧一龟，莲叶周围四尾鲤鱼，其间点缀水藻。盘高 1.5 厘米，口径 17.2 厘米。《江苏溧阳平桥出土宋代银器窖藏》（见注 21），页 73，图四 : 1。

75 《全宋词》，册二，页 1383。

76《全宋词》，册二，页 1383。

77 逯钦立《先秦汉魏晋南北朝诗》，册下，页 2094，页 2285，中华书局一九八三年。

上的龟，便是瑞应之一的"灵龟"，龟口所衔即"百茎共一根"的蓍草，图下赞云"灵龟者，黑神之精也，王者德泽湛积，渔猎顺时，则灵龟出矣"；"生三百岁，游于藕叶之上，千岁化浦上"；"能见存亡，明于吉凶"[78]（图1—15：3）。由唐而至两宋、金、元，这一题材更为诗人吟咏不绝，

78 伯·二六八三号，黄永武编《敦煌宝藏》，册123，页293，新文丰出版公司（台北）一九八六年。

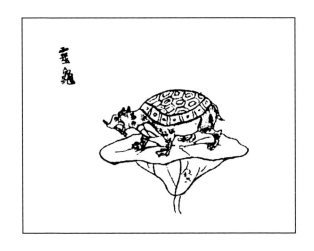

图1—15：3瑞应图·灵龟 敦煌出土

79《全宋诗》，册五一，页31855。
80 唐圭璋《全金元词》，页177，中华书局一九七九年。
81 陕西省考古研究所等《法门寺考古发掘报告》，彩版五九：1，文物出版社二〇〇七年。
82 唐先华《湖南衡阳市发现唐代凤凰双镜》，页1054，《考古》一九九二年第十一期。
83《练形神冶　莹质良工——上海博物馆藏铜镜精品》，图九一，上海书画出版社二〇〇五年。按相同或相近的铜镜，图版说明尚举出多例。

并且常寓祝寿之意，比如南宋刘过《上益公十绝为寿·宝龟》所谓"巢成荷上窥仙景"云云[79]；又金王喆《苏幕遮·滕奇放龟》"戏金莲，通揖让，千载遐龄，就寿增嘉况"[80]，等等。古说赋予灵龟养生及长寿的神话色彩，使它在祝寿风气逐渐兴盛的背景下成为最是常见的吉祥祝福。

　　所谓"龟游莲叶"，只是这一类纹样的出典，其实在造型设计中，龟游之莲叶也常常被设计为莲花。作为装饰纹样，它出现得很早，陕西扶风法门寺地宫出土的一件鎏金银香炉炉盖装饰一周龟卧莲花纹[81]。唐代铜镜的镜背以龟游莲叶作为钮座的装饰，使它居于中心，如湖南衡阳发现的凤凰双镜[82]，同式者上海博物馆也有收藏[83]。镜背图案与常见的"真子飞霜"镜很相似，月光下一边有高士幽篁独

坐而抚琴，一边有山石上的凤凰闻琴而起舞。与月光相映
的是一方莲塘，一茎莲叶从里面扶摇而出作成钮座，莲叶
中心伏着的龟便正好是镜钮。"真子飞霜"镜中也多有与此
相同的布置[84]。又海外私人收藏的一件晚唐铜镜，整个儿
镜背作成一枚轻风里翻卷的莲叶，镜钮则为叶心的伏龟[85]。
龟游莲叶的纹样五代时又多见于瓷器，如陕西黄堡窑址出
土的青瓷盏底残片，其内底心贴塑一龟，腹外刻莲瓣纹[86]
（图 1 — 15：4）；又上林湖越窑址出土的一件青瓷盘残片，

图 1 — 15：4 青瓷盏底残片
陕西黄堡窑址出土

盘心划龟游莲叶纹，其时代为五代至宋初[87]。完整的一例，
是河北定县静志寺塔塔基发现的一件青瓷盏，为北宋太平
兴国初年时物。盏的外侧装点两层莲瓣纹，内心贴饰一只
小龟[88]（图 1 — 15：5）。至于南宋，龟游莲叶纹已成瓷制
酒器中的流行题材，不仅供应国内市场，而且远销海外。
南海海域发现的南海Ⅰ号沉船和华光礁Ⅰ号沉船中都有景
德镇青白釉龟游莲叶纹盘盏成副，后者，盘与盏的莲叶周
围均装饰龟、鹤、祥云与仙人，祝寿之意便更见得鲜明[89]。
朝鲜新安海底沉船遗物中有元代龟游莲叶纹高足杯[90]（图

84《山东省博物馆藏珍·铜镜卷》，图六三，山东文化音像出版社二〇〇四年。

85 朱仁星《檀岛镜影——董歌林先生藏镜简介》，图三五，《故宫文物月刊·107》（台北）。

86 陕西省考古研究所《五代黄堡窑址》，图版一〇四：3，文物出版社一九九七年；又王小蒙《五代黄堡窑青瓷与柴窑》，页5，《收藏家》二〇〇一年第七期。

87 慈溪市博物馆《上林湖越窑》，页68，图三三：14，科学出版社二〇〇二年。

88 出光美术馆《地下宫殿の遗宝》，图八〇，平凡社一九九七年。

89 南海Ⅰ号沉船所出者，笔者见于广东阳江中国国家博物馆水下考古科研与培训基地的展厅，但盘与盏在展柜中分置两处；华光礁Ⅰ号所出者，见中国国家博物馆水下考古研究中心等《西沙水下考古——一九九八至一九九九》，页86～87，科学出版社二〇〇六年。按报告分别记述的"青白瓷碗"和"青白瓷盘"，应即龟游莲叶纹盘盏成副。

90《新安船与陶瓷交易》，图九四，（韩国）国立海洋遗物展示馆二〇〇七年。

图 1 - 15：5a 青瓷盏
河北定县静志寺塔塔
基出土

图 1 - 15：5b 青瓷盏
盏心

图 1 - 15：6a 龟游莲叶纹
高足杯 出自新安海底沉船

图 1 - 15：6b 龟游莲叶纹
高足杯杯心

1—15：6）。山东邹县元李裕安墓出土一件驼色织成福寿
纹绫巾，绫巾上端为扶杖寿星，寿星两边为鹤，为鹿，为
吐气之龟，又"寿山福海"、"金玉满堂"八个字。绫巾中
间的主体纹样则是一首祝寿词[91]。可知这一渊源古老的图
式在传承和演变中已经发展为程式化的吉祥语汇。

　　至于金银器制作中的巧借酒杯用途而在杯底设计水中
景致，这一意匠可以追溯到南北朝时代，——当然青铜器
制作中已有构思相近的先例，如北京平谷县刘家河商代中
期墓葬出土的立鸟龟鱼纹圆盘[92]，如故宫藏春秋后期的一
件蟠螭龟鱼纹方盘（图1—15：7）。河北赞皇县东魏李希

91 所织文辞为："右词
寄《喜春来》，敬愿祝
南山之寿：纹绡色胜
秋霜莹，样质光凝皎
月明，金童玉女称纤
擎。香又整，宜献老人
星。"常沙娜《中国织绣
服饰全集·织染卷》，图
三一一，天津人民美术
出版社二〇〇四年。按
图版说明录文断句有误。

92 北京市文物管理处
《北京市平谷县发现商代
墓葬》，页3，图五，《文物》
一九七七年第十一期。

图1—15：7a 蟠螭龟鱼
纹方盘（春秋后期）故
宫藏

图1—15：7b 蟠螭龟
鱼纹方盘盘心局部

93 河北省正定县文物保管所《正定隆兴寺》，图二三二，文物出版社二〇〇年。

94 孙机《凸瓣纹银器和水波纹银器》，页146，《中国圣火》，辽宁教育出版社一九九六年。

宗夫妇墓出土一件银盏，高四厘米，口径 9.2 厘米，内底心的两周联珠纹里打作出凸起的一朵宝装莲花，仿佛是由莲花漾起的三十二道水波曲曲弯弯一直漫向杯缘[93]（图 1 － 15：8）。银盏可以说是西风东渐背景下的一件作品[94]。此

图 1 － 15：8 银莲花水波纹盏 河北赞皇东魏李希宗夫妇墓出土　　图 1-15：9 银莲花水波纹盏 内蒙古巴林右旗友爱村辽代窖藏

95 器藏巴林右旗博物馆，此为参观所见并摄影。

后直到辽代晚期，在已经发现的实物中才有与这件莲花水波纹银盏相似的一例，即出于内蒙古巴林右旗辽代窖藏的五曲莲叶银盏[95]。不过它似乎不是龟游莲叶银盏的直接催生者。依前面列举的例子来看，龟游莲叶银盏造型、纹样的设计构思是来自瓷器。如果说从工艺上它同东魏莲花水波纹银盏和辽五曲莲叶银盏尚有一点承继关系的话，那么也已经是脱胎换骨。

16 金錾折枝茶花纹高脚杯（图 1 － 16：1）

内蒙古包头市达茂旗明水村出土[96]

96 赵丰等《黄金·丝绸·青花瓷——马可·波罗时代的时尚艺术》，页26，艺纱堂/服饰工作队二〇〇五年。

金高脚杯虽然早见于隋李静训墓，唐代金银器窖藏也偶有银高脚杯之例，不过直到两宋它始终没有成为流行式样。金元时代金银高脚杯的出现，可以认为是从北方地区

图 1－16：1a 金錾折枝茶花纹高脚杯 内蒙古包头市达茂旗明水村出土

图 1－16：1b 金錾折枝茶花纹高脚杯局部

97 北京市文物研究所《北京出土文物》，图四一七，北京燕山出版社二〇〇五年。

98 西安市文物保护考古所《西安韩森寨元代壁画墓》，彩版一八，文物出版社二〇〇四年。

开始的。金代的例子，有北京西城区月坛南街出土的金錾海石榴花高脚杯[97]。杯身修长，通高15.5厘米，口径9.3厘米，上下两端即口、足处分别錾刻相互呼应的卷草纹，杯腹三个开光里各錾一朵海石榴花。纹样之外，又用沙地錾錾出地纹以见明暗（图1—16：2）。明水村出土元代金杯通高14.5厘米，口径11.4厘米，重191克，纹饰的布置与金代之例相同而纹样不同，即开光内錾刻折枝茶花。茶花的形象与西安韩森寨元代壁画墓墓室西顶的装饰纹样几乎相同（图1—16：3），后者年代为元世祖至元二十五年[98]。

图1—16：2金錾海石榴花纹高脚杯 北京月坛南街出土

图 1 — 16 : 3 西安韩森寨元墓墓室西顶壁画

元代南方地区出土的高脚杯与北方相比体量稍小，如湖南益阳八字哨元代银器窖藏中的一件银杯。杯高 7.3 厘米，口径 7.6 厘米，菱花式开光内分别錾刻折枝莲、菊和牡丹，杯内心錾刻两枝反向而开的西番莲和海石榴花[99]（图 1 — 16 : 4）。无锡市元钱裕墓出土的"邓万四郎"金高脚杯比

99《湖南宋元窖藏金银器发现与研究》(见注 29)，图五四二。

图 1 — 16 : 4 银錾四季花卉纹高脚杯 湖南益阳八字哨元代银器窖藏

100《江苏无锡市元墓
中出土一批文物》（见
注51），图版六：1。器
藏无锡博物院，此为参
观所见并摄影。

益阳银杯尺寸略大，即口径与高度相同均为8.6厘米，内
口沿和圈足下缘各錾缠枝卷草，杯内心錾刻持荷童子纹[100]
（图1—16：5）。

图1—16：5a"邓万四郎"款金高脚
杯 无锡元钱裕墓出土

图1—16：5b"邓万四郎"款金高脚杯
杯心图案

金元时代属于北方样式的金银高脚杯都很少用打造工艺安排纹样，而多以在杯身三个开光里錾刻花卉图案的办法作为装饰。但也有造型取其式，形制、纹样却别作设计的例子。如湖南临澧新合元代金银器窖藏中的一件银鎏金仿古纹高脚杯。杯为夹层，外杯下腹及圈足打作蝉纹，腹身为仿古式云雷纹和波曲纹，即宋人所谓"圆篆"（见吕大临《考古图》卷二"圆篆甗"），通高 6.5 厘米，口径 5.2 厘米，尺寸比前面举出的例子都要小[101]（图 1 — 16：6）。

101《湖南宋元窖藏金银器发现与研究》（见注29），图二二六。

图 1 — 16：6 银鎏金仿古纹高脚杯 湖南临澧新合元代金银器窖藏

第三节 酒船与槎杯

17 银船盘盏一副（图 1 — 17：1）

湖南澧县澧南乡出土[102]

银盘椭圆形，长 20.2 厘米，内里打作翻卷的海浪，浪

102《湖南宋元窖藏金银器发现与研究》（见注29），图三七一。

图 1 - 17 : 1 银船盘盏一副 湖南澧县澧南乡出土

103 怀化地区博物馆等《湖南麻阳县发现唐代窖藏银器》，页 52～56，《文博》一九九三年第一期。按窖藏中的个别器物已与宋式相近，又其中一件花口盏，圈足有铭曰"谢"，这也是宋以前不很常见的做法。本书照片承湖南省博物馆提供。

尖上托起一叶轻巧的莲舟，舟中端坐一老翁。元王士点、商企翁编《秘书监志》卷三"公用银器"条有"镀金船台盏一付"，"台盏"，是酒盏与酒台子的固定组合；那么银酒船与承盘的组合，便是"银船盘盏一副"。船者，酒船也。

金银酒船的早期样式，有出自湖南麻阳旧县银器窖藏中的一件银荷叶纹酒船，时代约当晚唐五代[103]。器为船形而纹饰取意于风荷，器内錾刻纤细的虚线做成荷叶脉理以及水风吹卷的效果。通高 7.3 厘米，长径 12.7 厘米，短径八厘米（图 1 - 17 : 2）。酒船的造型和纹饰与唐代酒船一脉相承，不过大大简化。叶脉的做工很像江苏丹徒丁卯桥唐代金银器窖藏中的一枚银荷叶盖，不过与彼之细线依形弯作弧曲，风翻之势用打作工艺来表现，麻阳银酒船的出之以錾刻，自然又是一种简化。

图 1 — 17：2a 银荷叶
纹酒船　湖南麻阳旧县
银器窖藏

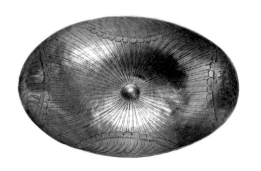

图 1 — 17：2b 银荷叶
纹酒船内心

　　至于元代，酒船的设计与制作已近似于玩赏重于实用
的工艺品，并因此使它更适宜用作劝酒之器。朱碧山制银
槎杯自是最著声名，而澧南乡银酒船也是独具特色的一件。
后者的设计构思原是别有来源。故宫藏一件南宋《莲舟仙
渡图》册页，图绘一叶莲舟中手持书卷的仙人，草叶上衣
与下裳，坦腹赤足，浮荡于渺渺波涛之间（图 1 — 17：
3）。此图曾经《石渠宝笈续编》著录，乾隆诗咏《钟师绍
〈莲舟仙渡〉》云"大海晶汤汤，云来望渺茫。别时望彼岸，
渡处藉斯航。适意烟波趣，通身芰荷香"，似即此幅，只
是"钟师绍"的认定不可靠。而莲舟中的持书仙人却是有
迹可寻。胡仔《苕溪渔隐丛话·前集》卷五三"韩子苍"

图1－17：3《莲舟仙渡图》局部 故宫藏

条云："李伯时画太一真人，卧一大莲叶中，手执书卷仰读，萧然有物外思。韩子苍有诗题其上云：'太一真人莲叶舟，脱巾露发寒飕飕。轻风为帆浪为楫，卧看玉宇浮中流。中流荡漾翠绡舞，稳如龙骧万斛举。不是峰头千丈花，世间那得叶如许。龙眠画手老入神，尺素幻出真天人。恍然坐我水仙府，苍烟万顷波粼粼。……'子苍此诗语意妙绝，真能咏尽此画也。"韩子苍乃北宋诗人韩驹，李伯时则是北宋画家李公麟，伯时其字也，他又自号龙眠居士。以"太一真人莲叶舟"为题材的画作当不止一幅，元好问有《〈太一莲舟图〉三首为济源奉先老师赋》，其一云："泠泠风外到仙臞，琢玉羊欣定不如。六合空明一莲叶，更须遮眼要文书。"句下自注云："仙人在莲叶卧看书。"此与龙眠的"太一真人莲叶舟"构图相同，"仙人在莲叶卧看书"，也是诸作共有的细节，故宫藏《莲舟仙渡图》亦如是。可作为参照的例证，又有天津博物馆藏一方宋玉带銙，带銙图案便正是"仙人在莲叶卧看书"的太乙真人图[104]（图1－17：4）。

图 1 − 17 : 4 太乙真人莲叶舟玉带銙 天津博物馆藏

澧南乡银酒船的造型便仿佛以宋人画作为图样，——莲舟为盏点明主题；承盘打作浮舟的波涛万顷以足画意，它有造型的疏朗简洁，又有细部处理的微至。"轻风为帆浪为楫，卧看玉宇浮中流"，来自名画的题材自使酒人于此小小一片辽阔中会得旷达之趣，而得饮酒与赏玩相兼之妙。

18 朱碧山银槎杯（图 1 − 18 : 1）

故宫博物院藏[105]

与前例同时，手持书卷的仙人又出现在另一件作品中，即此闻名古今的朱碧山银槎。郑珉中《朱碧山龙槎记》曾详细考订它的身世，也包括了传世的另外几件朱制银槎杯的种种故事[106]，文中说道："朱碧山生平作了多少件槎杯，已经没有办法知道，就现在可以查清楚的有五件：三件作于至正乙酉（公元一三四五年），一件作于至正辛丑（一三六一），一件作于至正壬寅（一三六二）。壬寅年款的只见文献记载，辛丑年款的除记载之外，还有一幅图画，

105 李中岳等《中国历代艺术·工艺美术编》，图二八七，文物出版社一九九四年。

106《故宫博物院院刊》一九六〇年第二期。

图1—18：1朱碧山银槎杯 故宫藏

乙酉年款的三件，是被保存了下来的。根据实物和图来看，朱碧山制的银槎大抵可以分为两类，而每件都各有差异。一类是人坐在槎上手持一书，一类是坐在槎中手持支机石。人在槎上的银杯题着'百杯狂李白，一醉老刘伶。为得酒中趣，方留世上名'，及'贮玉液兮自畅，泛银汉兮凌虚'的诗句。人坐槎中的银杯题着'欲造银河隔上阑，时人浪说贯银湾。如何不觅天孙锦，只带支机片石还'，及'岳寿无疆'四字。"此后一九七二年江苏吴县出土了一件银槎杯，槎杯的后面有"元至正乙酉朱碧山造"阴文铭款，郑珉中《关于朱碧山银槎的辨伪问题》也提到它[107]，可以补充的是，清谭吉璁《鸳鸯湖棹歌和韵·丙辰》诗注云"里中项氏有朱碧山所制金槎，凿张骞于上，以七宝嵌，兵后，失之矣"[108]。

107 《故宫博物院院刊》一九八四年第三期。

108 王利器等《历代竹枝词》，页641，陕西人民出版社二〇〇三年。

"和韵"者，和朱彝尊《鸳鸯湖棹歌》之韵也。丙辰，乃康熙十五年。由此可知银槎杯之外，朱碧山制作的又有镶嵌七宝的金槎杯，不过早已下落不明。

张骞乘槎的造型设计，原是糅合了来源不同的史实和传说，即《史记》《汉书》的张骞出使大夏而穷河源，又西晋张华《博物志》海岛居人由海渚达天河得遇织女，后又添助得获支机石一枚的情节，以是成为一个自在仙的形象。南北朝以来直到明清，它便始终活跃在诗文中而成为传承久远的意象[109]，虽然在不同的诗境里有着不同的寄意，但从容遨游天地间的基本内涵几乎是不变的。作为装饰图案也是如此，如温州市山前街建筑工地出土的一件北宋青釉仙人乘槎图执壶[110]（图1—18：2）。槎杯的创作构思，自然也是撷取其中的神仙意趣。

不过存世银槎杯中的乘槎者，手中持物却有两种。人在槎中手握支机石的一种，有诗"如何不觅天孙锦，只带支机片石还"，那么此为张骞是不错的。而人在槎中手持书卷的一种则尚有另外的解释。王士禛《香祖笔记》卷一二："昔

109 陈慧霞《明末清初雕犀角人物乘槎的时代意涵》对此有详细论述，（台北）《故宫学术季刊》第二十五卷第二期。

110 伍显军《宋代瓯窑青瓷的新发现与研究》，页21，图三，《东方博物》第三十五辑，浙江大学出版社二〇一〇年。

图1—18：2青釉仙人乘槎图执壶（柄残）温州市山前街建筑工地出土

在京师从宋荔裳（琬）所见元朱碧山所制银槎，乃太乙仙人，一时多为赋诗，以为张骞事，非是。"太乙仙人即太一真人，如此，朱碧山槎杯坐者"手执书卷仰读"的一种，当是受了"太一真人莲叶舟"的启发，而把支机石换作书卷，因使槎中人变了身分，即由张骞而易作太乙真人。王士禛在这里没有说明他的判断依据，但依凭前例举出的关于"太一真人莲叶舟"的画作和题画诗，当可支持这样的认识。

故宫所藏银"龙槎"，系铸后施雕，人的头、手、云履等均系铸后接焊，而接焊处浑然无迹。其杯口下刻"贮玉液而自畅，泛银汉以凌虚；杜本题"。槎腹刻"百杯狂李白，一醉老刘伶。知得酒中趣，方留世上名"。槎尾有"至正乙酉渭塘朱碧山造于东吴长春堂中子孙保之"楷书款，可见这是作者的得意之作。今与传世的几件相比看，大至整体造型，小至人物的身姿眉宇及风神态度，均显示出它是诸作中的翘楚。由龙槎上面的题诗又可明白其用途是饮酒。几件银槎杯曾辗转流传于明清两代若干名人之手，并多有名重当时的诗人为之题咏。清厉鹗《樊榭山房集》卷七《朱碧山银槎歌为秋玉赋》，亦其事之一。而诗所谓"银槎酌客客作歌"，也正说明银槎的用途如酒船之为劝杯而敬酒。《朱碧山银槎记》云："乘槎形酒杯本身就是一件具有诗意的艺术形式，宋以前还没有看到过槎形酒杯，这种形式只盛行于元、明两代，及到清朝就没有这种形式了。或者这种杯子就是由元朱碧山创造的也未可知。"槎杯可以说是朱碧山的创造，不过它却不是空无依傍，而是有着明确的构思来源。作为工匠，却不妨按照自己的理解，以具体的形象来诠释和阐扬士人所倡导的审美趣向，而工匠的诠释与发挥，正酝酿了这一趣向的无限生机。澧南乡太一真人莲叶杯和朱碧山槎杯都是这样的例子，槎杯乘槎的张骞与太一真人互换，也是同样的原因。《南村辍耕录》卷三〇"银工"条曰："浙西银工之精于手艺表表有声者，屈指不多数也：朱碧山，嘉兴魏塘；谢君余，平江；谢君和，同上；唐俊卿，松江。"工匠而进入士人的视野，则其工近艺也。

　　明代，澧县样式的太一真人莲叶杯与朱碧山式槎杯依然有制作，《天水冰山录》"盂爵"项下有"金素太乙莲叶盂三个（共重一十一两四钱七分）"，"金素张骞乘槎大盂一个（重一十一两一钱二分）"，可为一证。只是实物今已鲜见。明末，朱碧山式槎杯更以另外的材质流行开来，上海博物馆藏"天成"款犀角雕仙人乘槎杯，故宫博物院藏"尤通"款犀角雕仙人乘槎杯，均是其例。"天成"款犀杯因材施雕，顺犀角之势而成一具水天之际的仙槎，下边用不多的浪涛助成腾涌之意。各色花卉结为舟篷，舟篷下的主人一手持书卷，一手持如意，波涛不惊。槎身的宽敞处为杯，旁侧有圆洞与槎端的吸孔相通（图1－18：3）。虽然它依旧保存了酒杯的形式，其实已成案头清玩，而不再是实用之具。天成，即鲍天成，江苏吴县（今苏州）人，乃明代雕刻名家。尤通，又名侃，活跃于明末清初，尤以犀雕为世人所重，出自他手的犀角杯因被称作"尤犀杯"。

图1－18：3"天成"款犀角雕仙人乘槎杯 上海博物馆藏

第四节　屈卮

19 金屈卮（图 1 – 19：1）

浙江兰溪市灵洞乡宋墓出土 [111]

图 1 – 19：1 金屈卮 浙江兰溪市灵洞乡宋墓出土

112　王振铎《论汉代饮食器中的卮和魁》，载所著《科技考古论丛》，页 364 ~ 370，文物出版社一九八九年。

113　《全元散曲》，页 250；页 238。

《碎金》中"酒器"一项所列举的"屈卮"，原是古称，也作"曲卮"或"卮"。就其本义来说，卮应是指一侧有环柄的酒杯 [112]，虽然后世也常常以此作为酒杯的通称，如元马致远"金卮满劝莫推辞"；"浅斟着金曲卮，低讴着白雪歌" [113]。不过宋元时代所云"卮杯"如果是特指，那么仍是沿用它的原义。《梦粱录》卷三"四月·皇帝初九日圣节"记度宗生日的各种盛况，云"御宴酒盏皆屈卮，如菜碗样，有把手，殿上纯金，殿下纯银"。兰溪金杯通高五厘米，口径 7.9 厘米，系用套接法制作而成夹层杯，即以一个口沿处装饰弦纹、下有圈足的外杯套焊在内杯的腹部，一侧的

把手上连内杯，下接外杯，把手的压指板做成圭形。依《梦
梁录》对御宴酒盏的形容，这一件金杯应即金屈卮。宋吕
大临《考古图》卷十著录一件"一耳卮"，与它式样相同，
注云："此器傍一耳，乃古酒卮。"可知金杯样式正是宋人
所认为的古式。

　　元代的例子，有湖南澧县珍珠村元代金银器窖藏中的
一件银屈卮，它与兰溪金杯可以算作同一类型，虽然形制
比较简单[114]（图 1 — 19：2）。合肥市小南门内原孔庙大成
殿发现的金银器窖藏中有"章仲英造"曲柄金杯，一式为
圆口，一式为四出花口，而底部均无圈足[115]（图 1 — 19：3），
也是卮杯之属。

114 《湖南宋元窖藏金
银器发现与研究》（见注
29），图三四〇。

115 吴兴汉《介绍安徽
合肥发现的元代金银
器皿》，页 53，《文物
参考资料》一九五七
年第二期。器藏安徽
博物院，本书照片为
参观所摄。

图 1 — 19：2 银屈卮 湖南
澧县珍珠村金银器窖藏

图 1 — 19：3 "章仲英造"
金屈卮 合肥市孔庙遗址
出土

20 银仿古纹簋式夹层杯（图 1 - 20：1）

湖南澧县珍珠村元代金银器窖藏[116]

116《湖南宋元窖藏金银
器发现与研究》（见注
29），图三三八。

图 1 - 20：1a 银乳钉
纹簋式夹层盏 湖南澧
县珍珠村元代金银器
窖藏

图 1 - 20：1b 银乳钉
纹簋式夹层盏局部

银杯造型与溧阳平桥南宋银器窖藏中的银鎏金簋式夹层盏相同[117]（图 1－20：2），即仿先秦礼器中的铜簋，亦即宋人之所谓"彝"。通高七厘米，口径九厘米，重 128.5 克。杯身打作乳钉纹，便是宋人所说的"方文圆乳"（赵九成《续考古图》卷一"父乙虎彝"），外杯下腹装饰一周内錾祥云的莲瓣纹，杯耳和圈足均系另外打制然后接焊。

117 《江苏溧阳平桥出土宋代银器窖藏》（见注21），图版五：2。

图 1－20：2 银鎏金乳钉纹簋式夹层盏 江苏溧阳平桥南宋银器窖藏

仿古式金银夹层杯盏是宋代发展出来的新器型，而为元代所继承。纹饰之外，它在造型上也或追仿古式，岳珂《桯史》卷八"紫宸廊食"条"爵以银而厚其唇为之"，应即此类。酒杯制为夹层，自是"厚其唇"的方法之一。如此可以显得质重而古雅，虽然它并没有如同先秦礼器一样的厚重。所谓"爵"，在此大约是仿古式酒杯的概指，即如胡仔《苕溪渔隐丛话·后集》卷三八引陆元光《回仙录》庐举座中酒器的"锺鼎"。

宋元金银器的仿古，其实多为古今融汇，——不论造型还是纹样。比如出自湖南津市涔澹农场元代金银器窖藏

118 《湖南宋元窖藏金银器发现与研究》（见注 29），图三六一至三六二。

中的两件金宝妆莲瓣纹八方杯[118]。就整体造型来看，它是仿簠式与八方式的合一。而八方杯盏或曰八角杯盏，可以说是从唐代被异域之风的八棱杯演变而来，至于两宋，它的造型与纹样便已完全中土化。金杯结构为双层套合，出土时内外两重未曾固定在一起。其中一件，内杯高 3.2 厘米，外杯高六厘米，口径 8.4 厘米。外杯以八方式而成八个开光，开光内打作八枚莲瓣，莲瓣内分别打造摩竭纹与灵芝纹，杯两侧一对兽头耳，圜底焊接喇叭形圈足（图 1 − 20 : 3）。另一件与此为一对，惟双耳脱落。

图 1 − 20 : 3 金宝妆莲瓣纹八方杯　湖南津市元代金银器窖藏

21 银蜂赶菊纹菊花单耳杯（图 1 − 21 : 1）

119 《湖南宋元窖藏金银器发现与研究》（见注 29），图四三三。

湖南攸县丫江桥元代金银器窖藏[119]

银杯以三重菊瓣拢作杯身，杯心打作规整的花蕊，蕊心两只对飞的小蜜蜂，一株花开三朵的折枝菊花在一侧做成杯耳，杯高 3.2 厘米，口径 7.7 厘米，重 47.5 克。它是卮杯的踵事增华，时人或名作"菊卮"。元吕止庵小令〔仙吕〕

图 1 − 21 : 1 银 蜂 赶
菊纹菊花单耳杯　株洲
攸县丫江桥元代金银
器窖藏

《后庭花》"一声金缕词，十分金菊卮。金刃分甘蔗，金盘
荐荔枝。不须辞，太平无事，正宜沉醉时"[120]，足教人会
得它在酒宴上的溢彩流光。

　　菊卮其实可以视作由卮杯发展出来的一类，做出各种
花式的单耳金杯银杯，都可以包括在内。如出自株洲堂市
乡元代窖藏的一件银鎏金灵芝单耳菊花杯。杯身以菊花为
式，杯心錾一株折枝西番莲，一朵灵芝用两枚银片打造成
形扣合为一，接焊在杯侧[121]（图 1 − 21 : 2）。又如敖汉旗
新丘元代银器窖藏中的一件银灵芝单耳杯[122]（图 1 − 21 :

120　《全元散曲》，页
1122。

121　《湖南宋元窖藏金
银器发现与研究》（见注
29），图五二九。

122　于建设《赤峰金银
器》，页 182，远方出版
社二〇〇六年。

图 1 — 21：2 银鋈金灵
芝单耳菊花杯 株洲堂
市乡元代金银器窖藏

图 1 — 21：3 银 灵 芝
单耳杯 敖汉旗新丘元
代银器窖藏

123《湖南宋元窖藏金银
器发现与研究》(见注
27)，图五四〇。

124 朱敦儒《如梦令》，
《全宋词》，册二，页
868。

3)。杯耳式样最为特殊的一件卮杯，是湖南益阳八字哨窖
藏中的"陈云飞造"银鋈金双鸾纹摩竭单耳杯。杯高 4.1 厘米，
口径 7.3 厘米，重 40.7 克。杯耳的制作方法与前面举出的
几例相同，即以两枚银片分别把摩竭打造成形，然后扣合
成型焊接于杯侧。杯内心錾刻对舞的双鸾，外口沿錾一周
锥点连成的卷云纹，装饰部分皆鋈金[123]（图 1 — 21：4)。
宋人词曰"玦底一盘金凤，满泛酒光浮动"[124]，可知斟酒
满盏之后光影流动而予以酒人的欣悦。

图 1－21：4 "陈云飞
造" 银鎏金双鸾纹摩
竭单耳杯　湖南益阳八
字哨元代银器窖藏

杯与盏的分别，似乎不很严格，依古训，盏是杯之小
者[125]，然而大与小的界限也并没有明确的划分。为了表述
的清晰，这里姑且把有耳之饮器名为杯，无耳者名作盏。
屈卮亦杯属，那么把考古发现的宋元金银饮器依式呼作葵
花盏、梨花盏、梅花盏，瓜杯、桃杯，菊卮，如此等等，
与宋元时代的称谓应该是接近的。

125 《方言》卷五：盏，
"桮也"，郭璞注："最小
桮也。"

126 《四川彭州宋代金银器窖藏》(见注46)，页64，彩版四。
127 《湖南宋元窖藏金银器发现与研究》(见注29)，图二二七；图二二〇。
128 《湖南宋元窖藏金银器发现与研究》(见注29)，图五四一。

22 金瓜杯 (图1－22:1)

四川彭州宋代金银器窖藏[126]

银枝梗瓜杯、金瓜瓞单耳瓜杯 (图1－22:2、3)

湖南临澧新合元代金银器窖藏[127]

银鎏金梵文绶带结单耳瓜杯 (图1－22:4)

湖南益阳八字哨元代银器窖藏[128]

图1－22:1 金瓜杯 四川彭州宋代金银器窖藏

图1－22:2 银枝梗瓜杯 湖南临澧新合元代金银器窖藏

图1－22:3 金瓜瓞单耳瓜杯 湖南临澧新合元代金银器窖藏

图 1 - 22：4 银鎏金梵
文绶带结单耳瓜杯　湖
南益阳八字哨元代银器
窖藏

　　宋元时代，作为席间完整的一套酒具，饮酒之器中除
坐客人各一具的酒杯之外，尚须有专作劝酒且兼玩赏的一
件劝杯。关于它的发展和演变，见本书附论《罚觥与劝盏》。

　　用作劝杯的桃杯与瓜杯都是祝寿风气下发展起来的流
行样式，乃用于上寿酒，亦即寿筵上的敬酒。《武林旧事》
卷七：淳熙三年十月二十二日，今上皇帝会庆圣节，"太上
以白玉桃盃赐上御酒云：学取老爹，年纪早早还京"。今上，
即孝宗；太上，高宗也。孝宗诞辰为会庆节。又同书卷九云，

129《江苏无锡市元墓
中出土一批文物》（见
注51），页58，图一七。
器藏无锡博物院，本书
照片为参观所摄。

130《江苏溧阳平桥出土
宋代银器窖藏》（见注
21），页71，图一:8;《福
建泰宁窖藏银器》（见注
24），页66，图六。

绍兴二十一年十月，高宗幸清河郡王第，张俊进奉宝器若
干，中有"玉枝梗瓜盃一，玉瓜盃一"。玉桃杯有出土于无
锡市钱裕墓的一件[129]（图1－22:5），墓主人生于宋淳祐
七年，卒于元延祐七年。江苏溧阳平桥金银器窖藏和福建
泰宁银器窖藏中各有一件银鎏金桃杯，杯心分别以"寿比
蟠桃"和"寿比仙桃"标明用途[130]（图1－22:6）。两类
材质不同的桃杯，造型却是一致的。

图1－22:5玉桃杯 无
锡市元钱裕墓出土

图1－22:6银鎏金
桃杯 江苏溧阳平桥南
宋金银器窖藏

西藏博物馆藏一件元代玉瓜杯，依宋人的形容可以名作"玉枝梗瓜盉"[131]（图1－22：7）。而按照它和"玉瓜盉"的分别，银枝梗瓜杯和金瓜杯也均有其例，前者见于福州市茶园山南宋许峻墓[132]（图1－22：8），后者即出自彭州的这一件。或认为此类造型"圜底，不易放置，应不是实用器皿，为一种装饰性器皿"[133]。其实这恰好表明了它的特殊用途，——作为劝杯，斟满酒之后便始终为人手持，因此放置之稳并不在造型设计的考虑之中。元代瓜杯或有足，似是为了变化形式，因为同出也正有圜底者。

131　西藏博物馆编《西藏博物馆藏元明清玉器精品》，图四，文物出版社二〇〇五年。

132　福建省博物馆《福州茶园山南宋许峻墓》，封三：2（图版说明作"鎏金银发冠"），《文物》一九九五年第十期。本书照片为观展所摄。

133《四川彭州宋代金银器窖藏》（见注46），页239。

图1－22：7 玉枝梗瓜杯 西藏博物馆藏

图1－22：8 银枝梗瓜杯 福州茶园山南宋许峻墓出土

元代瓜杯一面继承宋式，一面又有变化，显示出不同的风格。出自湖南元代金银器窖藏的几件金银瓜杯，可以代表这一时期的主要样式。

（1）新合银枝梗瓜杯。杯长 13 厘米，宽八厘米，系打造而成的半剖之瓜，瓜脐、瓜蒂、瓜棱也都是"象生"做法，几片展开的瓜叶从瓜蒂上伸出搭在杯缘的一边，瓜藤随势弯下来作成瓜杯的把手。

（2）新合金瓜瓞单耳瓜杯。杯与前例银枝梗瓜杯同出，高 3.5 厘米，口径七厘米，杯身打作瓜棱，内底打造一个瓜形的凸棱框，框内打作"寿"字。大瓜的一侧结出一个带着枝叶的小瓜以为杯柄，杯底底端另外焊接与杯底装饰框形状一致的矮圈足。

（3）益阳银鎏金梵文绶带结单耳瓜杯。这是最见元代特色的一种类型，且流行地域不分南北。杯象半剖之瓜而底心近平，杯身及内底装饰与新合金杯同，惟凸棱框内里所饰为梵文真言字"吽"。杯之一侧是做成绶带结的鋬手，下以环耳为撑。作为装饰的部分皆鎏金。长径 14.1 厘米，短径 11.2 厘米，高 4.8 厘米。与此装饰意匠相同者，有湖南华容县洪山头镇明镜村元代窖藏中的一件银鎏金梵文绶带结单耳瓜杯，内蒙古乌兰察布市察右前旗元集宁路出土的银杯 [134]（图 1 — 22 : 9），又河北沽源"梳妆楼"元代墓葬出土的一件铜杯 [135]。

宋元以来至明清日益兴盛的祝寿习俗，是文史两界近年均曾关注的论题。前者以魏了翁为例，揭出宋代寿词流行的成因；后者看到了庆寿习俗对社会经济的影响 [136]。而就工艺品制作来说，这一风气的推动作用同样大可重视。寿筵中，金银器的使用必不可少，即便无力置办，亦有租

134《道出物外——中国北方草原丝绸之路》，图四六，香港大学美术博物馆二〇〇七年。按图版说明曰"这杯上的梵文与印度佛教有关，应是从印度传入的舶来品"。误也。

135 国家文物局《2002年中国重要考古发现》，页 149，文物出版社二〇〇三年。

136 张文利《鹤山寿词考述》，页 137 ～ 140，《文学遗产》二〇〇六年第五期；邱仲麟《诞日称觞——明清社会的庆寿文化》，载蒲慕州主编《生活与文化》，页 451 ～ 494，中国大百科全书出版社二〇〇五年。

图 1－22：9 银梵文
绶带结单耳瓜杯 乌兰
察布市察右前旗元集
宁路出土

赁一途，宋代于此即已形成一套十分成熟的服务[137]。如前
所述，金银器中的瓜杯与桃杯多为祝寿用器，而《诗·大
雅·绵》曾以"绵绵瓜瓞"之句来象征周的繁荣昌盛，瓜
于是有了吉祥的寓意，宋洪适《临江仙·寿周材》"瓜瓞绵
绵储庆远"[138]，便是通常的祝寿吉语。宋代工艺品制作实
以传统题材为纹样构思的重要来源，桃和瓜都是最具古典
趣味的艺术语汇，无论造型还是纹饰，均具有鲜明的标志性，
因此在庆寿风尚的背景下，由宋至元，乃至明清，它始终
是金银器制作中流行不衰的装饰题材。

第五节 酒注和玉壶春瓶

23 银鎏金团窠式对鸟纹注碗一副（图 1－23：1）

福州茶园山南宋许峻墓出土[139]

137 见吴自牧《梦粱录》
卷一九"四司六局筵会
假赁"条。

138 《全宋词》，册二，
页 1383。

139《福州茶园山南宋许
峻墓》（见注 132），页
25，图八（同页图五为
温碗，图版说明作"鎏
金高圈足银杯"）；《中国
文物精华·一九九二》，
图一三二，文物出版社
一九九二年。

图 1 — 23：1a 银鎏金
团窠式对鸟纹酒注 福
州茶园山南宋许峻墓
出土

图 1 — 23：1b 银鎏金
团窠式对鸟纹温碗 福
州茶园山南宋许峻墓
出土

此温碗与酒注应为一组，合称"注碗一副"。酒注高
23.5厘米，口径6.8厘米，腹径11.2厘米，底径6.9厘米。
腹部一侧接焊长流，一侧焊接弯作弧曲的扁柄，柄系银链
与鎏金器盖相衔。注身錾刻团窠式对鸟纹，长流与圈足錾
刻缠枝卷草，纹饰鎏金。此即《碎金》"酒器"一项中列举
的"注子"。温碗与酒注纹饰相同，碗底铭曰"低银刘打"。"低
银"，原指银的成色不高，然而镀金及工艺出色之器却是要
另作别论，说见《百宝总珍集》卷四"银锭"条。

注碗在辽代金银器中已有实物可见，如内蒙古巴林右
旗白音汉窖藏中的银錾牡丹花纹八棱注碗一副，时代为辽
晚期[140]（图1－23：2）。宋代常见的酒注造型便是折肩的

140　巴右文等《内蒙昭乌达盟巴林右旗发现辽代银器窖藏》，图版五：3，《文物》一九八〇年第五期。本书照片为观展所摄。

图1－23：2银錾牡丹花
纹八棱注碗一副 内蒙古
巴林右旗白音汉窖藏

图1-23：3银注碗一副 浙
江兰溪灵洞乡南宋墓出土

这一种，它以肩为界把注子明显分作上下两部，肩以上安排曲柄与流（曲柄的下半部则紧贴注身而下），肩以下的造型与配套的温碗相若。另外一种则是酒注造型为浑然一体的悬胆式，腹部曲柄与流的设计也极见流畅自然，然而却在不经意间留出了与温碗相谐的弧曲。许峻墓酒注自属后者。浙江兰溪灵洞乡南宋墓出土一副银注碗，形制与此相似，不过酒注的鼓腹处加饰一道弦纹[141]（图 1 − 23 : 3）。其时又或呼此为"注子一付（副）"，以"副"为单位名称，便是包括温碗在内的，如四川彭州南宋金银器窖藏中自铭"注子一付重叁拾壹两"的一副银注子[142]。此酒注的银盖以仰覆莲花为钮，旁侧做出的一个圆环贯索与柄相连，颈部侧边升起一枚朵云与流相衔（图 1 − 23 : 4）。这一做法后来为元明执壶普遍采用。

141《浙江兰溪市南宋墓》（见注 111），图版八：6、8。按温碗图版说明作"银高足杯"。器藏兰溪市博物馆，本书照片为观展所摄。

142 铭文錾于温碗足内。《四川彭州宋代金银器窖藏》（见注 46），页 104，彩版三一。

图 1 − 23 : 4 银注子一副 四川彭州南宋金银器窖藏

许峻墓注碗所饰团窠式对鸟纹图案，在唐代金银器和纺织品上面已经出现。如西安建国路出土的唐代银盘盘心纹饰[143]。又《敦煌丝绸艺术全集·英藏卷》著录一件蓝地团窠鹰纹锦残片[144]。纹样构图与它近似的一例，又有《西域美术》（法藏卷）著录出自敦煌的红麻布地绘团窠双鸟纹幡首，二者时代均为晚唐至五代[145]（图1—23：5）。此外还有瓷器图案中的不少例子[146]。这一纹样的流行一直延续到宋元，如宁夏固原博物馆藏"咸平三年"铭铜镜[147]（图1—23：6），如浙江瑞安市慧光塔出土一件时属北宋的红罗地刺绣团窠式双鸟纹经袱（同出有宋庆历二年纪年的描金堆漆舍利函）[148]；湖州市菁山宋墓出土一件银鎏金团窠式对鸟纹瓶（图1—23：7）；又湖南益阳市八字哨元代银器窖藏中的一件银团窠式双鸟纹圆盘[149]（图1—23：8）。而宋元时代双鸟对飞的造型与唐五代没有太大的不同。

143 镇江市博物馆等《唐代金银器》，图二五七、二五八，文物出版社一九八五年。

144 赵丰主编《敦煌丝绸艺术全集·英藏卷》，图一〇五，东华大学出版社二〇〇七年。

145 秋山光和《西域美术·吉美博物馆伯希和收藏品·Ⅰ》（西域美术·ギメ美术馆ペリオ·コレクション·Ⅰ），图一〇一，讲谈社一九九五年；图版说明定其时代为九世纪。按本书照片为赵丰摄。

146 如发现于印尼海域的井里汶沉船中的青瓷盒，如上林湖窑址出土的一枚青瓷碗底残片（《上林湖越窑》〔见注87〕，页67，图三二）。

147：镜铭曰："咸平三年庚子东京正铸钱监铸造。"韩彬等《固原铜镜》，图版一五七，宁夏人民出版社二〇〇八年。

148 浙江省博物馆《东土佛光》，页124，浙江古籍出版社二〇〇八年。

图1—23：5团窠双鸟纹幡首 法国吉美博物馆藏

图1-23:6"咸平三年"
铭铜镜 固原博物馆藏

图1-23:7 银鎏金团窠式对鸟
纹瓶 湖州菁山宋墓出土

149 湖州市博物馆《浙
江湖州菁山宋墓》，彩版
四：1，《东南文化》二
〇〇七年第四期；《湖
南宋元窖藏金银器发现
与研究》（见注29），图
五四六。

许峻墓出土的金银酒器除注碗一副之外，尚有银鎏金
枝梗瓜杯（图1-22:8），银盏，银盂，银碟，银唾盂，
又茶具之银鎏金托盏一副（图1-30），都是南宋金银器
皿中的流行样式而制作多精好。

图1-23:8 银盏纹
饰局部 湖南益阳八字
哨元代银器窖藏

24 "庚辰岁萃仲置"银玉壶春瓶（图1－24：1）

湖南涟源市桥头河镇石洞村元代银器窖藏[150]

150 《湖南宋元窖藏金银器发现与研究》（见注29），图五七〇。

图1－24：1银玉壶春瓶 湖南涟源市桥头河镇石洞村元代银器窖藏

银瓶高34厘米，口径7.4厘米，重592.5克。与瓶同出的酒器之属，有"庚辰年萃仲置"银马盂，银龙首衔环柄马杓，银蜂赶菊纹盏，银梅花盏，银菊花盏，银芙蓉花盘，银梅梢月纹花口盘，银錾缠枝海石榴纹盘，银錾蓝桥遇仙故事纹盘等。元代庚辰年有二，一为元世祖至元十七年，一为元顺帝至元六年。今推定此庚辰为后至元，即公元一三四〇年，则窖藏年代约当元晚期。它与合肥市小南门内原孔庙大成殿西庑左近发现的一处金银器窖藏时代相同[151]，不过彼为公用性质，此则家用之器，而都是窖藏金

151《介绍安徽合肥发现的元代金银器皿》（见注115），页53。

银酒器中很可以见出元代特色的例子。

　　与宋代流行的盘盏与注碗的组合稍有不同，元代与盘盏同出的多为玉壶春瓶，此在元代壁画中也有相应的情景，如山西洪洞水神庙壁画里的备酒图和弈棋图（图1－24：2）。不过河南登封王上金墓、焦作老万庄金墓壁画，又克里夫兰艺术博物馆藏宋佚名《道子墨宝·地狱变相图》中，均已有显示了这种组合的图像[152]（图1－24：3、4）。与此情形约略相当的是内蒙古赤峰三眼井元墓壁画中的宴饮图、陕西蒲城洞耳村元墓壁画中的饮酒图（1－24：5）。蒲城元墓中有壁画题记，因知入葬日期为"大朝国至元六年"，

152　郑州市文物考古研究所《郑州宋金壁画墓》，图二三〇，科学出版社二〇〇五年；河南省博物馆等《河南焦作金墓发掘简报》，图版二：1，《文物》一九七九年第八期；《宋画全集》，第六卷第二册，页168（图版说明定此画作时期为南宋），浙江大学中国古代书画研究中心，浙江大学出版社二〇〇八年。

图1－24：2山西洪洞水神庙壁画

图1－24:3《道子墨宝·地狱变相图》局部 克里夫兰艺术博物馆藏

图 1 — 24：4 河南登封王上金代壁画墓壁画

图 1 — 24：5 陕西蒲城
洞耳村元墓壁画

153 项春松等《内蒙昭
盟赤峰三眼井元代壁画
墓》，图版六：2，《文
物》一九八二年第一期；
陕西省考古研究所《陕
西蒲城洞耳村元代壁画
墓》，页 21，《考古与文
物》二〇〇〇年第一期。

154 如欧阳修"遂令
我每饮君家，不觉长瓶
卧墙曲"（《会饮圣俞家
有note兼呈原父景仁圣
从》）；王安石"人与长
瓶卧芳草，风将急管度
青枝"（《清明》）；杨万
里"酒兵半已卧长瓶"
（《昌英知县叔作岁赋瓶
里梅花时坐上九人七
首》）。

155 说见赵令畤《侯鲭
录》卷三。

156 袁文《瓮牖闲评》
卷六"今人盛酒大瓶谓
之京瓶"云云；赵彦卫
《云麓漫钞》卷三"今人
呼劝酒瓶为酒京"云云。
所谓"劝酒"，自是斟酒。

亦即蒙古时期元世祖至元六年（公元一二六九年），墓主是
张按答不花与李云线夫妇[153]。

　　宋代的酒瓶，多为贮酒之器，此即《碎金》中列举的"酒
经"。酒经，或又作"酒京"，又或呼作"长瓶"[154]、"经瓶"[155]、"京
瓶"。而由贮酒向着斟酒的变化或两种用途的共存，在南宋
笔记中已微见端倪[156]。

　　作为斟酒之器的玉壶春瓶，元代称作壶瓶。它的使用
见《事林广记》卷一一《仪礼类》"把官员盏"条，其述常
行之礼云："令祗候人将到酒果或看馔，酒以壶瓶盛之，须
盪令热，一人持酒瓶居左，一人持果盘居右，并立主人之后，
主人捧台盏于前，以又盏令倾酒，自先尝看冷暖，却倾些

157 如丘处机《司天台判李公辈请游郭西，宣使泊诸官载蒲萄酒以从。是日天气晴霁，花木鲜明，随处有台池楼阁，间以蔬圃，憩以藉草，人皆乐之。谈玄论道，时复引觞，日昃方归，作诗》。《全金诗》，册一，页197，南开大学出版社一九九五年。

158 耶律楚材《湛然居士文集》卷一《和许昌张彦升见寄》"葡萄佳醖烂饮玻璨缸"，句下自注云："西人葡萄酿皆贮以玻璃瓶。"

159《是年五月扈从上京学宫纪事绝句十首》，顾嗣立《元诗选》，页 1863，中华书局一九八七年。

160《和虞学士春兴八首》，《元诗选》，页 2152。

161《小王孙》，《元诗选》，页 2082。

162 瓮有"汲瓶"之训（《韵会》），不过它历来多用作酒器，李白"瓮中百斛金陵春"；白居易"瓮头竹叶经春熟"，等等，早是为人熟悉的名句。

163《湖南宋元窖藏金银器发现与研究》（见注29），图五七一。

小在盘，再令斟满，则跪而献进，持瓶执果者并跪，把盏者云：'小人没甚孝顺官人根底，拿一盏淡酒，望官人休怪。'"《事林广记》是一部日用百科全书式的民间类书，原为南宋陈元靓编，不过宋季原本今已不可见，现存的元、明刊本均经删改和增广，因此其中有不少内容反映了元代的社会生活。这一则说到的礼节与蒲城壁画中的场面虽不是在在相符，却也相差不远。壁画中侍者手捧的玉壶春瓶便是《记》之所谓"壶瓶"。图中把盏"跪而献进"者，身分相当于《事林广记》此节中的敬酒之"主人"；向把盏者手中接酒的一位，身分相当于《记》中的所谓"官员"，便是墓主人。壁画表现的原是墓主人曾经的生活场景，那么这里便是与之相交者向身为官员的张按答不花敬酒，而行礼如仪。

玉壶春瓶取代注碗一副，或许原因之一是酒的品种发生了变化，即黄酒之外，葡萄酒与阿剌吉亦即白酒已逐渐进入日常生活[157]。首先，葡萄酒与白酒均不必热饮，温碗自然失掉效用。其次，西域俗以玻璃瓶贮葡萄酒[158]，此风东传，则以玻璃制品难得而或易作金瓶、银瓶以见殊异，周伯琦"金瓮葡萄大白浮"[159]；郭钰"蒲萄压酒开银瓮"[160]；张昱"银瓮蒲萄春共载"[161]，所咏俱是。诗人笔下的"瓮"实为酒器的代指[162]，以实物与图像互为印证，曰此在酒席筵上是指玉壶春瓶，应该是不错的。

第六节　马盂和马杓

25 "庚辰年萃仲置"银马盂（图 1 - 25：1）

湖南涟源市桥头河镇石洞村银器窖藏[163]

马盂高 5.7 厘米，最大口径 16.7 厘米，底径 11 厘米。

图 1 — 25：1 银马盂
湖南涟源市桥头河镇
石洞村元代银器窖藏

素面，平底，无足。横长的一侧有流，流下焊接环柄，底
有"庚辰年萃仲置"六字铭。这一类样式的器具，今文物
考古界通常称之为"匜"。"匜"为酒器，仍可以前例所举
蒲城壁画墓中的图像为例。墓中处于中心位置，亦即题记下、
屏风前的一幅夫妇对坐图，绘屏风一侧一张长方桌，桌的
一边为插着牡丹的花瓶，另一边则酒具一组：盘与盏，又
瓶一，匜一（图 1 — 25：2）。这正是考古发现中最常见的
元代酒器组合，当然也是酒席筵中的主要用具。再看叶子
奇《草木子》卷三对筵席摆设的一番描述，——"筵席则
排桌，五蔬、五果、五按酒。置壶瓶、台盏、马盂于别桌，
于两楹之间"。这里所述为常规陈设，亦即元代酒筵的一般
情景。以下述把盏之仪，与前例所引《事林广记》大抵相同。
把壁画所绘与此所谓"置壶瓶、台盏、马盂于别桌"相对看，
则玉壶春瓶对应壶瓶；盘盏与台盏为一类，二者也差可对应；
以此推得"匜"之对应的名称为马盂，似无疑问。若以上
分析无误，则可据以得出结论，即酒器中的所谓"匜"，元

图 1 - 25 : 2 陕西蒲
城洞耳村元墓壁画

代乃称作"马盂"。如此,也可知《碎金》"酒器"条中"盂、
杓"之外的"马盂",便是此"匜"。

　　匜本来是上古礼器中的盥洗用器,以后则进入日常生活
而长期沿用,因此各种质地的制品始终没有从生活中消失,
虽然式样间有变化,比如将把手变作环耳。元代的匜,把位
置在与流相对之处的环耳又改在了流的下面,以成小巧的环
柄,因使它造型趋于浑圆,特有携行之便,且一器而兼多用,
即可挹又可饮。不过作为古称的"匜",却似乎早已不是日
常生活中的语言,前考元代称"匜"为"马盂",其实还可
以上溯。《三国志》卷五九《吴主五子传》提到孙权长子孙
登曾"失盛水金马盂"。唐及辽金,马盂则多是作为军事装

备而依然用为水器[164]。两宋亦如是。南宋张杲《医说》卷五
"误吞水蛭"条述其事云，"夏夜出师，中途渴躁，命候兵持
马盂挹涧水，甫入口，似有物焉"。可见军中马盂挹与饮相
兼的情景。与此同时它又扩展用途为酒器之一种。南宋王质
有《栗里华阳窝辞·栗里杯觞及壶鐏》，辞前小序述其种类，
中有"柘木马盂、马瓢、长颈葫芦、扁腹葫芦"[165]；《梦粱录》
卷一三"诸色杂货"一项云酒市有"马盂、屈卮"，是均与
酒器并列。马盂之称仿佛不很古雅，但它却非俗器，宋高宗
有草书"马盂手札"，见《宝真斋法书赞》卷二，可见作为
日常用具，它也是登于大雅之堂的。

　　作为酒器的马盂，其用途也是挹饮相兼，亦即有"盂"
的饮之用，也有"杓"的挹之用。而它的有流又可以兼作斟。
明曹昭《格古要论》卷七"古无器皿"条是常为人所称引
的一段话，即"古人用汤瓶、酒注，不用壶瓶及有觜折盂、
茶锺、台盘，此皆胡人所用者。中国人用者，始于元朝"。
谢明良《关于玉壶春瓶》一文认为，这里的"有觜折盂"，"可
能即带流的'匜'"[166]。这一推测是可以成立的。"折"在
此应读作 zhē，是倒的意思。南宋袁说友《遂宁府库古铜物》
诗"遂州古名邦，有物岁月深。——铜作器，得之古墓阴。
灯檠间管柱，匜耳擎杯斟"云云[167]，所谓"匜耳擎杯斟"，
乃是想象着古物的今用，而古物之"匜"正是用作斟酒。

　　当然"马盂"之名仍算是俗称，"匜"作为古称或雅称
是一直保留下来的，人们对它的认识也始终很清楚。而在
明代，"匜"之称似乎又使用的多起来，不论作为水器抑或
作为酒器。如明陆噱云编纂的日用小百科《世事通考》，其
《瓷器类》所列诸物中有"匜"，注云："音移，盛水器也。"
《天水冰山录》"盂爵"类则列有"金匜盂四个"、"金素大

164 若金银马盂，自属
高档用品，而须特赏。
如《金史》卷四四《兵志》
"凡镇防军，每年试射，
射若有出众，上等赏银
四两，特异众者赏十两
银马盂"。

165 《全宋诗》，册
四六，页 28869。

166 谢明良《陶瓷手
记——陶瓷史思索和操
作的轨迹》，页 37，石
头出版股份有限公司二
〇〇八年。

167《全宋诗》，册四八，
页 29893。

匜盃一个"、"金素匜盃七个",这里的各式"匜盃"无疑是酒器。而"卮匜"也是明人之酒器称谓的常用语。周祈《名义考》卷十二"卮匜"条:"应劭曰:卮,饮酒礼器,古以角作,受四升。师古曰:饮酒圜器也。汉高纪'奉玉卮为太上皇寿'。《说文》:匜,盥器,似羹魁,柄中有道,可以注水。《左传》'奉卮沃盥'。一为酒器,一为洗手器,今概称酒器,曰卮匜,失之矣。"此系明代学者论俗语之非,而可见"卮匜"之称在当日的流行。

总之,匜是上古之器在后世延用极为长久的一种,在漫长的历史时期中,其用途、样式自不免时有变化,并且古称之外又或伴随着俗称,所谓"马盂"者,即是也。元代,它与壶瓶、台盏构成一种酒器组合,此际马盂的用途是可挹、可斟、可饮的。到了明代,饮酒习俗发生变化,酒器组合也随之变化,这时候金银制作的匜作为古式之一种仍保留在酒器中,而其他材质的一般日用品,则或"盛水器也"。

26 银马杓（图 1 - 26 : 1）

湖南涟源市桥头河镇石洞村银器窖藏[168]

图 1 - 26 : 1 银马杓 湖南涟源市桥头河镇石洞村元代银器窖藏

　　银勺为龙首衔环柄，即龙首前探弯颈为柄，龙口复衔
一枚活环，勺高 2.7 厘米，口径 7.6 厘米。与此相类的银
勺也见于山西灵丘曲回寺元代金银器窖藏、敖汉旗敖吉乡
新丘元代银器窖藏[169]。曲回寺银勺高三厘米，口径九厘米，
龙首失角（图 1 — 26:2）。出自新丘者为一对，器高 2.9 厘米，
口径 7.7 厘米，系四出花口，内底心錾一株折枝茶花，外口
沿錾刻卷云纹，一侧为龙首衔环柄，龙角虬曲，一长一短相
叠而披垂，其中长角一只搭在银勺口沿（图 1 — 26：3）。又

169 李白军《曲回寺金
银器考释》，图一二，
《文物世界》二〇〇四
年第四期；邵国田《敖
汉文物精华》，页 203，
内蒙古文化出版社二
〇〇四年。

图 1 — 26：2 银马杓 山
西灵丘曲回寺元代金银
器窖藏

图 1 — 26：3 银马杓 敖
汉旗新丘元代银器窖藏

170　图版说明作"金腰挂龙型柄勺"，《金帐汗国的珍宝》，页3，斯拉夫出版社，圣彼得堡，二〇〇一年（*Сокровища Золотой Орды*, Государственный Эрмитаж, Санкт-Петербург, 2001）。

艾尔米塔什博物馆藏蒙元时期的一件金勺[170]，高四厘米，口径12.5厘米，口沿一周鳞纹，内底心的装饰框里錾出鱼子地，其上装饰折枝花卉，弯折的龙颈鳞甲宛然，头顶两角一长一短前后歧出，极短的短角前卷，极长的长角向后披垂搭在口沿。柄有环，当是为了携行之便（图1－26：4）。

　　勺的特别之处在于龙首衔环柄的造型与样式。以时序

图1－26：4金马杓　艾尔米塔什博物馆藏

来说，四例中的末一例最早，则前三例都是依仿它的样式而制，惟细部处理稍作变化，而尺寸皆趋于小。

　　马杓的名称多见于宋元文献，原是与马盂使用情况略有相似，即挹饮相兼的一种饮器。吴自牧《梦粱录》卷一六"酒肆"一节道杭城酒店有门前"挂草葫芦、银马杓、银大碗"为招牌者。洪迈《夷坚丙志》卷一七"沈见鬼"条云，绍兴年间，有三道流归天台，其中二人"颇整絜，随身赍干糗及马杓之属"，可知马杓也宜于行旅。《朴通事谚解·中》说到郊天用器，所举各项中有"椀楪，匙箸，杓杓"。喀喇汗王朝时期的《突厥语大词典》中也有"马勺"一词[171]。

　　马杓也可以看作是带柄的马盂。这一类长柄大勺的携带方式，由包头市征集的一组四件元代铜人可以见得很真切，——铜人腰间均挂一个式样与出土实物相类的大勺[172]

171　麻赫穆德·喀什噶里《突厥语大词典》（汉文本，何锐等译），第一卷，页378，民族出版社二〇〇二年。按此成书于十一世纪七十年代。

172《道出物外——中国北方草原丝绸之路》（见注134），图六三至六六。器藏内蒙古博物院，本书照片为观展所摄。

图 1 – 26：5 元代铜人
包头市征集

（图 1 – 26：5）。

　　作为金银酒器的马杓，制作自然更为讲究，样式也有
了很大变化。元人汤式所作散曲有《赠玉马杓》一题。此"玉
马杓"原是妓名，作者乃巧用双关借物咏人，玉马杓的样
式与用途也因此可略见大概，即所谓"雀尾样其实欠，鸬
鹚名空自慊"；"泼新醅分开绿蚁，掬清波荡碎银蟾"；"好
向他万花丛里为头儿占。休教人百味厨中信手儿拈。恁时
节添不上风流洗不了瑕玷。倾城的貌甜，连城的价添。稳
情取甄瓢戏的西施望风儿闪"云云[173]。"休教人百味厨中信
手儿拈"，则它不是平常厨具中的马杓[174]，自然也不是墓葬
壁画中喂马用的马杓[175]（图 1–26：6）。"雀尾"，亦作鹊尾，
是指一种长柄的雀尾香炉。马杓有柄，故元人喜以此炉作喻，

173《全元散曲》，页
1518。

174 厨具中的马杓乃寻
常用具，元杂剧中常见，
如《秋胡戏妻》："媳妇
儿，你只待敦葫芦撺马
杓哩。"又《桃花女》："坐
着门椐，披着头稍，将
小名儿唤，马杓儿敲。"

175 如山西阳泉东村元
代壁画墓马厩图中所绘
（今藏山西博物院，本书
照片为观展所摄）。

图 1 − 26：6 山西阳泉东村元墓马厩图局部

176《奉陪神保大王宴朱将军第闻弹白翎雀引》,《元诗选》, 页 2221。

177《全宋诗》, 册三四, 页 21626。

178 《汉书》卷九二《陈遵传》:"鸱夷滑稽, 腹如大壶, 尽日盛酒, 人复借酤。" 又金人靖天民有诗题《西子放瓢图》(《全金诗》, 册三, 页 72), 瓢亦可作酒器, 故用以代鸱夷也。

179 陕西省考古研究所等《宋代耀州窑址》, 彩版一五：2, 文物出版社一九九八年。

180 定其年代为宋。杨伯达《中国玉器全集·5》, 图一〇九, 河北美术出版社一九九七年。

如王逢 "巾幂鹊尾黄金杓" [176]。"鸬鹚" 句, 用李白《襄阳歌》"鸬鹚杓, 鹦鹉杯, 百年三万六千日, 一日须倾三百杯" 句意, 而如此用法已见于宋人, 南宋冯时行《就得胜寨遣人入巫山买酒》"马杓胜鹦鹉" [177], 其例也。"西施" 句却是借用 "西子嫁鸱夷" 的字面义以说酒器 [178]。抛开繁丽的辞藻, 可知玉马杓正好像鸬鹚杓一样可用来酌酒, 又仿佛鹦鹉杯可用作饮器; 杓有柄好似雀尾炉, 然而杓柄却未如雀尾炉那样长。

依据曲中的这一番形容, 不难找见与之大致相符的实物。如宋代耀州窑遗址出土 "月白釉瓷龙首八方杯" [179], 如故宫藏 "青玉龙柄长方折角杯" [180]。把玉杯与艾尔米塔什博物馆藏金勺相对看, 二者龙首柄造型和样式的一致可以一目了然, 尤其是作为显著特征之一的长角虬曲搭在勺沿。唯一的不同是龙口大张而含珠, 但衔环之孔依然如式, 并且显得十分自然（图 1 − 26：7）。那么这里存在两种可能：一, 环失。二, 龙口所衔之环本来有着功能意义, 即为了携行的方便。如果此器是中原工匠依仿北方样式而制,

图 1—26：7 青玉龙柄长方折角杯（玉马杓）故宫藏

则或许是一种有意的改变。总之可以认为，所谓"青玉龙柄长方折角杯"，与金勺原是同类器物，换句话说，就设计模式而言二者同源。那么进一步的推论，即元人眼中的玉马杓当为此属，应是可以成立的。

勺的使用，在《马可波罗行记》中可略得仿佛，——"大汗所坐殿内，有一处置一精金大瓮，内足容酒一桶。大瓮之四角各列一小瓮，满盛精贵之香料。注大瓮之酒于小瓮，然后用精金大杓取酒。其杓之大，盛酒足供十人之饮。取酒后，以此大杓连同带柄之金盏二置于二人间，使各人得用盏于杓中取酒"。所谓"带柄之金盏"，应即元代流行的一侧有压指板以及上有压指板、下接环耳的金盏，前者如发现于托波尔省额尔齐斯河畔的蒙元时期的银鎏金盏（图1—26：8），后者如内蒙古兴和县五股泉乡五甲地村出土的元代金盏[181]（图1—26：9）。而"精金大杓"，便是常与金银酒盏、酒杯同出的龙首衔环柄勺，亦即马杓。惟大汗所用者体量殊大，以至于"盛酒足供十人之饮"[182]。而这一风俗似早已通行南北，前引冯诗"马杓胜鹦鹉"是南宋情景，元杨维桢《吴下竹枝歌》"银马杓中劝郎酒，看郎色似赤瑛盘"，则元末江南景象也。

181 前例今藏艾尔米塔什博物馆，此为参观所见并摄影；后例见上海博物馆《草原瑰宝——内蒙古文物考古精品》，页 252，上海书画出版社二〇〇〇年。

182 关于马杓的容量，宋秦九韶《数学九章》卷一曾有涉及，原是以盗米案设问，其中提到"马杓满容（米）一升九合"，"漆椀容一升二合"。似可参考。不过这里是作为厨具的马杓。

图1－26：8银鎏金盏　额尔齐斯河畔出土

图1－26：9金盏　内蒙古兴和县五股泉乡五甲地村出土

183《湖南宋元窖藏金银器发现与研究》（见注29），图四七至五六。

184 前者便是《碎金》所列举的"劝盘"。《东京梦华录》卷四"会仙酒楼"条曰："凡酒店中，不问何人，止两人对坐饮酒，亦须用注碗一副，盘盏两副，果菜楪各五片，水菜椀三五只，即银近百两矣。"

第七节　果盘及其他

27 银錾折枝花果盘（图1－27：1～3）

湖南临澧柏枝乡南宋银器窖藏[183]

如前所述，宋元时代一套齐整的酒器，还应该包括果盘与果菜碟[184]。元《新编事文类要启劄青钱》卷九"茶饭体例"："凡大筵席茶饭则用出卓，每卓上以小果盆列果木

图1-27:1 银錾牡
丹花纹果盘 湖南临澧
柏枝乡南宋银器窖藏

图1-27:2 银錾一
把莲果盘 湖南临澧柏
枝乡南宋银器窖藏

图 1 — 27：3 银錾茶花纹果盘　湖南临澧柏枝乡南宋银器窖藏

数般于前,列菜碟数品于后,长箸一双。"又《朴通事谚解·上》有关于酒宴的一段对话,其中说到席面摆设的规矩,道是"外手一遭儿十六楪,菜蔬。第二遭十六楪,榛子、松子、干葡萄、栗子、龙眼、核桃、荔子。第三遭十六楪,柑子、石榴、香水梨、樱桃、杏子、蘋婆果、玉黄子、虎剌宾。当中间里,放象生缠糖,或是狮仙糖"。这都是干鲜果盘或果碟很具体的使用情景。

　　碟与盘的分别,宋以前,除前者小、后者大之外,又有无足、有足,矮足、高足的不同。宋代早期尚有金银制作的高脚盘[185],南宋及元,此式似已不大流行,因此盘和碟之间的区分便不很明确。就用途来说,金银盘碟均可用作盛放干鲜果品及肉脯之类。如叶绍翁《四朝闻见录·乙集》"清湖陈仙"条"金屈卮酒,金楪贮生果三钉";《三朝北盟

185 如广西南丹县小场乡附城村虎形山北宋银器窖藏一组银酒器中的錾花摩竭纹花口高足盘,韦壮凡《广西文物珍品》,图二五〇,广西美术出版社二〇〇二年。

会编》卷二四九"以金鉼御酒，劝盘果木脯醢之属皆浑金器"。
又前例引《事林广记》"把官员盏"条所谓"一人持酒瓶居左，
一人持果盘居右"。大致说来，碟总要比盘要小一点，——
宋人又有"金大果子楪"之说，或许此碟仍是未及盘之
大 [186]。为了表述的方便，这里姑且把十五厘米以上者称作
盘，十五厘米以下者称作碟。而又有一类尺寸更小者，却
是用作奁具中的妆盘，说见卷一第一章第十节。

　　临澧柏枝乡錾花银盘一组十枚，口径 15.4 ～ 15.6 厘米
不等。盘心分别錾刻团窠式造型的各式折枝花，——牡丹，
芍药，菊花，莲花，一把莲，茶花，木芙蓉，木槿，栀子，
四照花。溧阳平桥南宋金银器窖藏有与此类似而尺寸较小
的一组九枚，器高 1.2 厘米，口径 8.4 厘米，外底有"张四郎"
款，内心分别錾刻团窠式折枝花。与果盘相对，这一组当
可名作"银錾花果菜碟"。比较同时代其他质地的装饰纹样，
比如四川华蓥南宋安丙墓墓室石雕，可见造型艺术的互为
借鉴，也可见时风之一般 [187]（图 1 － 27：4 ～ 7）。

186 此系绍兴二十六年
交趾所进。《宋会要辑
稿》，册八，页 7863。
戴侗《六书故》第
二十八《工事四》"盘"
条释义曰："器大而浅曰
盘。"只是"大"与"小"，
也只能比较而言。

187 四川省文物考古研
究院等《华蓥安丙墓》，
图版九八：4 ～ 6、图版
九九：3，文物出版社二
○○八年。

图 1 － 27：4 牡丹 四川
华蓥安丙墓墓室石雕

图1－27：5 莲花 四川
华蓥安丙墓墓室石雕

图1－27：6 荔枝 四川
华蓥安丙墓墓室石雕

图1－27：7 瓜实 四川
华蓥安丙墓墓室石雕

28 银鋈金瑞果图果盘（图 1 – 28）

福建泰宁南宋金银器窖藏[188]

图 1 – 28 银鋈金瑞果纹盘 福建泰宁南宋金银器窖藏

　　席间劝盘中的各种果品，自以时令鲜货为佳，当然还要赏心悦目才好。桃、石榴、瓜、荔枝，都可以算作这一类，如此情景也常见于两宋诗人题咏，即如宋人编纂的《全芳备祖·后集》"果部"各题下所收。关于瓜，黄庭坚《食瓜有感》句云"薜井竹笼浸苍玉，金盘碧筋荐寒冰"；刘子翚《致中惠瓜因成二绝句》"那似甘瓜能破渴，一盘霜雪洗清襟"。关于桃，有"金桃两钉照银杯"（杨万里《尝桃》）；"老养丹砂，长留红脸，点透胭脂颗。金盘盛处，恍然天上新堕"（郑域《壶中天》），等等。果盘装饰纹样的选用也或与席间常见的果品颇有关联，比如泰宁窖藏中的这一件。银盘高 1.4 厘米，口径 16.8 厘米，底径 12 厘米，浅浅的盘心打造出仿佛浮雕一般的瓜、桃和石榴，三果之间点缀三对并头荔枝。

189《江苏溧阳平桥出土宋代银器窖藏》(见注21),页72,图版五:4。按说明文字称盘心纹样为佛手、石榴、香橼、荔枝。

瓜连着花和蔓,果连着枝叶和花,牵起满溢着的一盘清鲜与色泽。与它尺寸、纹样十分相近的一例,有出自溧阳平桥南宋金银器窖藏中的一件银盘[189]。而两处窖藏酒器的类型和式样也多很相似,可见时风。

29 银錾蓝桥遇仙记图果盘（图 1 - 29 : 1)

湖南涟源市桥头河镇石洞村元代银器窖藏[190]

果盘和果菜碟的装饰图案以花果禽鸟为多,涟源桥头

190《湖南宋元窖藏金银器发现与研究》(见注29),图五八〇。

图 1 - 29 : 1a 银錾蓝桥遇仙记图果盘 湖南涟源市桥头河镇石洞村元代银器窖藏

图 1 - 29 : 1b 盘心纹样（谭远辉摹）

河镇窖藏中的这一件银盘则是难得的一幅人物故事图，并且风景人物錾刻极精细，可惜银盘残损近乎三之一，所幸故事情节的主要部分尚得保留。画面占据了整个银盘内心：近景为山石古松，松枝掩映着一带篱笆院墙，院子里隐隐一座茅屋。院门洞开处立一位女子，若与向前施礼的士人相问答。

此即著名的蓝桥遇仙故事，原是唐人裴铏所作《传奇》中的一则。故事说秀才裴航于湘水舟中遇一绝色女子，因以小诗传递情愫。女子答诗曰："一饮琼浆百感生，玄霜捣尽见云英。蓝桥便是神仙窟，何必崎岖上玉清。"诗中的"蓝桥"、"云英"，乃今之所谓"关键词"也，只是裴生一时尚不能会得此中玄机。以后裴航促装往京师，途经一地名蓝桥驿，方值口渴难耐，适见茅屋三四间，老姬在焉。生因施礼求浆，于是得遇前番舟中女子赠诗中提到的云英。其后再历周折，终遂良缘，夫妻二人同登仙籍。

裴航故事自问世后即被不断复述和演绎，笔记、小说之外，宋元已有据此改编的戏剧[191]。又马致远〔南吕〕《四块玉·蓝桥驿》："玉杵闲，玄霜尽。何敢蓝桥望行云，裴航自有神仙分。原是个窃玉人，做了个赏月人，成就了折桂人。"[192]此故事深为人们爱赏，大约即因它一举占得两项好处，其一情缘，其一仙缘，正是鱼与熊掌兼得已。银盘取它作为装饰图案，自然很合宜。画面表现的是蓝桥驿裴生求浆于老姬的情节，而这正是解开舟中女子所留诗谜的一个要紧关目。以后的明代版画、清代漆器，都有与此几乎完全相同的图案（图1－29:2、3），但就已知的材料而言，这是最早的一例[193]。

191 宋皇都风月主人《绿窗新话》卷一、宋罗烨《新编醉翁谈录·辛集》卷一"裴航遇云英于蓝桥"，均是此篇节文；又宋官本杂剧有《裴航相遇乐》，见《武林旧事》卷一〇，元有庾吉甫杂剧《裴航遇云英》，见《录鬼簿》卷上。

192 《全元散曲》，页235。

193 清安岐《墨缘汇观》著录一幅南宋陈居中《行春图》，曰图"中作新柳垂青，夭桃盛放，竹屝一红衣女子艳妆双手奉浆，一官人叉手相迎，后有一童，从者四人，勒骑而侍。其溪山林木，竹篱屋舍，各有幽致。题签谓'陈居中'，非也，大似元陈惟允笔"。据安氏形容，此幅所绘实为蓝桥故事。若这里的推断不误，则与银盘同时代。

图 1－29：2 裴航故
事《月旦堂仙佛奇踪
合刻》

图 1－29：3 雕漆裴
航故事图盒 中国国家
博物馆藏

30 银鎏金托盏一副（图1－30：1、2）

福州茶园山南宋许峻墓出土[194]

194《福州茶园山南宋
许峻墓》（见注132），
页25，图四：1、2。按
此茶盏一、盏托一，在
简报中未被看作一副，
而是把盏托称作"鎏金
菱花形银托杯"，茶盏称
作"鎏金银碗"。

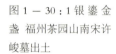

图1－30：1 银鎏金
盏 福州茶园山南宋许
峻墓出土

图1－30：2 银鎏金
盏托 福州茶园山南宋
许峻墓出土

茶盏高 4.7 厘米，口径 12 厘米，造型与同时代瓷器中的斗笠盏相同，内壁装饰当日流行的梅梢月纹，花纹鎏金。盏托造型亦如同类器物中的漆制品和瓷制品，即把盘做成菱花式，如江苏江阴夏港新开河工地宋墓出土的一件[195]（图 1 — 30 : 3），此则于托口、盘口及圈足口沿鎏金。

195 陈晶《中国漆器全集·4》，图一三五，福建美术出版社一九九八年。

图 1 — 30 : 3 漆盏托 江苏江阴夏港新开河工地宋墓出土

关于茶托的来历，李匡文《资暇集》中的一段话最有名，即卷下"茶托子"条："始建中蜀相崔宁之女，以茶杯无衬，病其熨指，取楪子承之。既啜而杯倾，乃以蜡环楪子之央，其杯遂定，即命匠以漆环代蜡，进于蜀相。蜀相奇之，为制名而话于宾亲，人人为便，用于代。是后传者更环其底，愈新其制，以至百状焉。"其实此说不确。崔宁相蜀在建中，即公元七八〇至七八三年，而这一类式样的承盘魏晋南北朝即已出现。今知最早的实例，为杭州老和山东晋兴宁二年墓出土的一副德清窑黑釉托盏。盏托系一平底盘，中心做出一个空心的小碗，碗上承盏，盏与盏托粘结在一起[196]（图 1 — 30 : 4）。它正是唐宋流行之托盏的早期样式。

196 浙江省博物馆《浙江纪年瓷》，图一二〇，文物出版社二〇〇〇年。

图1-30:4 德清窑
黑釉盏托 杭州老和山
东晋兴宁二年墓出土

综上所述，宋代酒器的基本组合，是台盏、劝盏、注碗、果菜碟；元代酒器的基本组合，是盘盏、劝盏、玉壶春瓶、果菜碟。劝盏与劝杯的主要样式，如酒船、十花盏、瓜杯、教子升天盏、龟游莲叶纹盏，宋代即已出现，而为元代所承继，并又发展出新样高足杯。前举内蒙古兴和县五股泉乡五甲地村出土的金盏（图1-26:9），是元代北方比较流行的酒杯式样。

至于宋元时代筵席用具的主要类型与样式，以分别属于宋、元的两个窖藏为例，可见大略。——这里且按照本书的考证和定名为之重新归类、命名。

（一）四川彭州宋代金银器窖藏[197]〔插图四〕

一、盘盏

甲、"齐"字款银台盏七副："齐"字款银錾石榴花结盏七，"齐"字款银酒台子七[198]〔插图四：1、2〕；"史氏妆奁"银花盘盏两副[199]〔插图四：3〕；"董"字款银艾叶式酒台子一（失盏）[200]〔插图四：4〕。

197 据《四川彭州宋代金银器窖藏》（见注46），又中国国家博物馆等《宋韵——四川窖藏文物辑粹》，中国社会科学出版社二〇〇六年。

198《四川彭州宋代金银器窖藏》，页39~42"石榴花结纹碗"，彩版一五；页159"卷草纹圆形茶托"，彩版四五。

199《四川彭州宋代金银器窖藏》，页69"莲花形盏"，彩版二一；页166"莲花形茶托"，彩版四六。《宋韵》，页124"莲花形银盘盏"。

200《四川彭州宋代金银器窖藏》，页165"树叶形银茶托"，彩版四六：1。《宋韵》，页124"树叶形银托盘"。

乙、银台盏五十六："袁家十分"、"国器"、"东海逝娘置"等款银盏五十六；银酒台子五十六[201]。

丙、"董"字款银芙蓉花承盘一对（失盏，图 1 — 10：3）。

二、散盏

"福德"银盏一对〔插图四：5〕，"德星亭"银盏一对[202]。

三、劝盏

"绍熙改元舜字号"金菊花盏一[203]（图 1 — 12：2），"先父"款菊花盏一，金梨花盏一[204]〔插图四：6〕，"齐"字款金瓜杯一对（图 1 — 22：1），"吉"字款金盏一[205]〔插图四：7〕，"囗宅"款金花口盂一[206]〔插图四：8〕。"张家十分"款银龟游莲叶纹盏十（图 1 — 15：2），银莲花纹盏四[207]〔插图四：9〕，银錾绶带结八方盏六[208]，银教子升天夹层盏一对（图 1 — 14：2），银葵花盏一对（图 1 — 13：1），银菱花盏一对[209]〔插图四：10〕。

四、酒经

"袁家十分"银瓶一对，银瓶四（其一有款曰"公家十分"），"董"字款银如意云纹瓶一对，"周家十分"银云鹤纹瓶一对[210]〔插图四：11〕。

五、果盘

"陈家十分"款银盘十〔插图四：12〕，"公平用"等款银花口盘十〔插图四：13〕，"王家十分"款银錾狮子戏毬纹盘四，"贵盛"款银錾蝶赶花纹葵口盘四〔插图四：14〕，"董"字款银菊瓣纹盘一〔插图四：15〕，银錾仿古纹三足盘一[211]〔插图四：16〕。

六、银注子九副[212]（图 1 — 23：4）。

七、银唾盂二[213]〔插图四：17〕。

201 《四川彭州宋代金银器窖藏》，页 43 "杯"五十六件，彩版一三：2；页 141 "圆形茶托"，彩版四四：1。《宋韵》，页 134 "银酒台"。

202 《四川彭州宋代金银器窖藏》，页 38 "大弧腹银碗"、"小弧腹银碗"；彩版一二：2、彩版一三：1。

203 《四川彭州宋代金银器窖藏》，页 4 "菊花碗"；彩版二。

204 《四川彭州宋代金银器窖藏》，页 3 ～ 4 "五曲盏"，彩版三。按梨花盏颇见于宋人题咏，如黄庭坚《谢杨景山送惠酒器》"杨君喜我梨花盏，却念初无注酒魁"；毛滂《陪曹使君饮郭别乘舍夜归奉寄》"金波滟滟梨花玉"，句下自注："是夜饮器。"又欧阳修《玉楼春》："芙蓉斗晕燕支浅。留著晚花开小宴。画船红日晚风清，柳色溪光晴照暖。　美人争劝梨花盏。舞困玉腰裙缕慢。莫交银烛促归期，已祝斜阳休更晚。"

205 《四川彭州宋代金银器窖藏》，页 7 "圈足杯"，彩版五：1。

206 《四川彭州宋代金银器窖藏》，页 7 "葵口圈底杯"，彩版五：2。

207 《四川彭州宋代金银器窖藏》，页 61 "莲花纹杯"，彩版一八。

208 《四川彭州宋代金银器窖藏》，页 59 ～ 61，彩版一七 "绶带纹八角形杯"。

插图四

1、2 "齐"字款银台盏一副　　3 "史氏妆奁"款银花盘盏一副　　4 "董"字款银艾叶式酒台子

5 银盏　　6a 金梨花盏　　6b 金梨花盏　　7 "吉"字款金盏　　8 "□宅"款金花口盂

9 银莲花纹盏　　10 银菱花盏　　11 银云鹤纹瓶（酒经）　　12 银盘　　13 银花口盘

14 银錾蝶赶花纹葵口盘　　15 银菊瓣纹盘　　16 银錾仿古纹三足盘　　17 银唾盂

18 银茶盏　　19 银盏托　　20 银莲花熏炉

八、银茶盏七，银盏托二十三 [214]〔插图四：18、19〕。

九、银熏炉十一 [215]〔插图四：20〕。

（二）合肥市小南门内原孔庙大成殿西庑元代金银器窖藏 [216]〔插图五〕

插图五：1 安徽合肥小南门
元代金银器窖藏

插图五：2 铭文一

插图五：3 铭文二

209《四川彭州宋代金银器窖藏》，页69"菱形盏"，彩版二二：1。

210《四川彭州宋代金银器窖藏》，页13～17"素面梅瓶"、"如意云头纹梅瓶"、"鸟纹梅瓶"，彩版八至九。

211《四川彭州宋代金银器窖藏》，页74～79"素面圆盘"，彩版二二：2；页80～88"十曲圆弧盘"，彩版二五；页78～80"狮纹圆盘"，彩版二三；页80"六曲葵口盘"，彩版二六：1；页88"多曲盘"，彩版二六：2；页74"三足圆盘"，彩版二四。

212《四川彭州宋代金银器窖藏》，页93～124"执壶与温碗"，图版二八至四一。

213《四川彭州宋代金银器窖藏》，页186～187，彩版五四。

214《四川彭州宋代金银器窖藏》，页36"斗笠碗"，彩版一二：1；页126～140"葵形茶托"。

215《四川彭州宋代金银器窖藏》，页167～186，彩版四七至五三。按酒筵中香具的使用，见本书附论《晚唐金银酒器的名称与样式》。

216《介绍安徽合肥发现的元代金银器皿》(见注115)，页53。

一、酒杯与酒盏

"章仲英造"金四曲花口卮杯一对，银四曲花口卮杯一对，银卮杯一对，"章仲英造"金盏一对，银盏一对。

二、果盘、果菜碟、水菜碗

"章仲英造"金四曲花口盘一对，银四曲花口盘一对，"章仲英造"金盘一对（其中一件无铭文），银盘七；金碟一对；"庐州丁铺"银碗四。

三、马盂、酒经、酒樽与勺

银马盂六，"章仲英造"银玉壶春瓶五（其一铭曰"九成艮〔银〕造重拾肆两"），银带盖玉壶春瓶四（其一铭曰"至顺癸酉"），铜酒樽一、银勺一。

四、果盒与箸

银錾双凤穿花纹果盒一，银箸五十五副。

总计一百零二件。根据金银器上面所刻"至顺癸酉"、"庐州丁铺"、"章仲英造"等铭文，可知这批器物是元文宗至顺四年庐州丁铺的匠师章仲英所制。而它与《碎金》"酒器"一项胪举的名称多可对应。

第八节　装饰与制作工艺

宋元金银酒器的装饰题材与同时代的金银首饰相似，常见者不外花卉龙凤，如莲花、菊花、牡丹、茶花，瓜瓞，梅梢月、蝶赶菊、龟游莲叶、教子升天，等等。口沿和圈足处的辅纹则以卷草、卷云、毬路以及各种几何纹为多。与唐代相比，宋元金银器最为鲜明的特征是中土化的强势，此前的一切外来因素，这时候都已被融入新的艺术语汇而蔚然形成一种崭新的风貌。

制作工艺，金银酒器也与首饰相同，即同样以"打"为基本方法，当然酒器的"打"主要是用来打造器型。宋元时代金银加工工艺的核心部分仍为今天的金银器手工制作所继承，我们因此可以以今例古，得知大概。赵振茂《金银铜器的传统修复技术》一文有"赤金器的一般制作方法"一节，以下即节略其说。——

赤金器的一般制作方法可以概括为五个字，即打，炮，收，錾，轧。

（一）打。所谓"打"，便是打制金叶，亦即把金砖、金条、金元宝等加工成制作金器所须用金叶。

（二）炮。"炮"即根据器形需要用炮锤把金叶锤鼓。具体做法是：首先在纸上画出金器的展开图。其次将金叶放在火上烧红后取出晾凉，用炮锤在铅砣上根据展开图炮锤。比如赤金碗，其腹部外鼓，即用炮锤将金叶锤鼓，一火一火锤炮，直至合乎要求。

（三）收。"收"即用乒锤在大铁棍上将已经炮锤为鼓腹的金叶收成所需要的器形。收金碗口沿的方法是：剪一条金丝（或银丝、铜丝）圈在金碗口沿下，将碗口上沿向外打使其包住金丝并呈裹圆状，接口收严，然后用大焊。大焊所用焊药的配制，是将等重的锡、铜、银放在一起加热熔化成为合金，然后粉碎为细小的颗粒，俗谓"六成焊药"。大焊的方法是在焊药中兑入硼砂，清水调和后将焊药溜在焊缝处，然后把器皿放在微火上慢慢烘烤。金器烧红，焊药便化开而成液态钻进焊缝，此际速将金器从火中夹出，晾凉后，用錾花锤收。圈足另焊。即将金叶剪作圈足状，下沿用錾花锤向里收，接缝处用大焊。然后用铁丝将它捆在金碗底部，大焊即可。

（四）錾。"錾"即在金器上面錾刻纹样。比如金碗腹部的加饰，其方法大致如下：1、在金碗腹部勾画出纹饰，然后涂一层漆皮汁使纹饰不至于在錾花过程中被摩擦掉。2、把錾花胶放在铁锅里加热，使之化开如稠粥，然后慢慢倒在碗里直到充满。3、一昼夜后錾花胶变硬，于是可以錾花。左手持沟錾，右手持錾花锤，沿着金器上预先勾画出来的纹饰，边锤边走錾。沟錾有各种不同的型号，可依纹样需要而取用。4、纹饰錾就，用火将錾花胶烤化倒出。

（五）轧。用轧子把金器轧亮，亦即抛光[217]。

如以古人的说法作为接通古今的一个旁证，则可举《朴通事谚解·下》中一段关于打制银器的对话。——"张大，你打馈我一个立鳖儿，一个虾蟆鳖儿和蝎虎盏儿。""如今银子如何？""只是如常。元宝我有半锭了，再添上三、五两银子时勾（够）也。鳖儿打的匾着些个，嘴儿、把儿且打下，我看着锌。你自这里打炉子、铁锤、钳子、铁枕、锅儿、碎家事，和将沥青来，这里做生活。"立鳖儿、虾蟆鳖儿和蝎虎盏儿，系酒注与酒盏。蝎虎盏儿自是酒盏，蝎虎大约是蠘虎的俗称，其式样或即教子升天杯之类，如江苏金坛湖溪元代窖藏中的一件银教子升天杯（图1—14：1）。立鳖儿与虾蟆鳖儿对举，那么后者的式样当如卧式的龟榼[218]。立鳖儿有嘴儿、有把儿而形扁，虽然这里说的是银器，但就形制而言，与北京旧鼓楼大街元代窖藏中的景德镇窑元青花凤首扁壶应该是一致的[219]〔插图六〕。所谓"银子如何"以及关于它的回答，乃涉及元代金银打造制度，即银匠和银铺不得使用自家金银打造器皿，故凡打造，均须顾客自携金银，见《元典章》所载至元十九年《整治钞法条画》[220]。这里说到酒注的打制是分作三个部分，即嘴儿、把儿和器

217 赵振茂《金银铜器的传统修复技术》，页69～71，《故宫博物院院刊》一九九四年第三期。

218 扬之水《酒榼与酒鳖》，页155～159，《终朝采蓝——古名物寻微》，三联书店二〇〇八年。

219《首都博物馆藏瓷选》，图五四，文物出版社一九九一年。

220《元典章》二〇《户部》卷之六《钞法》载至元十九年十月中书省奏准《整治钞法条画》，其一曰："金银匠人开铺打造开张生活之家，凭诸人将到金银打造，于上錾记匠人姓名，不许自用金银打造发卖。若已有成造器皿，赴平准库货卖。如违，诸人告捉到官，依私倒金银例断罪，给赏。"

身，末了再焊接为一。炉子、锅儿，用作工件的过火；铁锤、钳子、铁枕、碎家事，自是打造所需的器用和工具。

唐代金银器在地子上突显纹样主要有两种方法。一是银器上錾花，然后花纹涂金，即所谓"金花银器"。一是地子上满錾鱼子纹，用以反衬纹饰的光亮。金花银器的制作宋元依然延续，虽然不是主流。以鱼子地显花的做法则已经不很流行，湖南涟源桥头河镇石洞村窖藏中的银缠枝海石榴花纹盘是不多的一例[221]〔插图七〕。这里一个很重要的原因大约在于，与唐代相比，宋元金银器皿要轻薄得多，当然这是就已经发表的情况来看。质料轻薄，自宜于打造

221《湖南宋元窖藏金银器发现与研究》（见注29），图五七九。

插图六　青花凤首扁壶 北京旧鼓楼大街元代窖藏

插图七　银盘纹样局部 湖南涟源桥头河镇石洞村元代银器窖藏

即所谓"锤鍱"，而特别可见浮雕效果。杯盏腹壁纹饰繁复者往往做成夹层，似乎也与这一工艺相关，如此，它既可显得器身厚重，也可掩去内壁过分明显的凸凹。

余论

宋、辽、金时期，南北政权之间物品的交流很是频繁。《建炎以来朝野杂记·甲集》卷三："自和戎后，虏人正旦馈上金酒器六事，法碗一，盏四，盘一，色绫罗纱縠三百段，马六匹。生辰，珠一袋，金带一条，衣七对，箱一，各色绫罗五百段，马十匹。二戎主生辰、正旦，朝廷皆遗金茶器千两，银酒器万两，锦绮千匹云。"上层如此，民间亦然。庄绰《鸡肋编》卷上："建炎之后，江浙、湖湘、闽广，西北流寓之人遍满。"则风俗及爱赏的南北交通正是显而易见，更何况"流寓之人"中自然不会没有工匠。因此金银酒器与首饰相同，即地域之别并不十分明显。而呈现异域特色的金银器皿几乎都发现于十三至十四世纪的四大汗国，如艾尔米塔什博物馆收藏的一批金银器[222]〔插图八〕。元代金银器中虽然也有若干与之形似者，但除却其中的银鎏金錾花高足杯之外〔插图八：1〕，几乎都谈不到神似，因为已经不同程度的中土化。当然在此必须补充说明的是，我们今天看到的元代金银器以出自南方者为多，不论数量还是品种，而这并不能代表当日的实际情况。或许今后会有新的发现使我们改变目前的认识。

宋元金银器中土化强势的成因，可以参考傅乐成《唐型文化与宋型文化》综论中的一节，——"大体说来，唐代文化以接受外来文化为主，其文化精神及动态是复杂而

222《金帐汗国的珍宝》（见注170），页10、12、20、29。器藏艾尔米塔什博物馆，本书〔插图八：1、2、4〕为参观所见并摄影。

插图八

1 银鎏金錾花高足杯 金帐汗国（十三世纪末） 2 银鎏金高足杯 金帐汗国

3 银鎏金菊花盏 十三世纪末至十四初 4 银高足杯 金帐汗国（十四世纪）

5 银鎏金盏 十四世纪

进取的。唐代后期的儒学复兴运动，只是始开风气，在当时并没有多大作用。到宋，各派思想主流如佛、道、儒诸家，已趋融合，渐成一统之局，遂有民族本位文化的理学产生，其文化精神及动态亦转趋单纯与收敛。南宋时，道统的思想既立，民族本位文化益形强固，其排拒外来文化的成见，也日益加深。宋代对外交通，甚为发达，但其各项学术，都不脱中国本位文化的范围；对外来文化的吸收，几达停滞状态。这是中国本位文化建立后的最显著的现象，也是宋型文化与唐型文化最大的不同点。

"蒙古灭宋，建立元帝国。元的制度，一部分袭取汉制，一部分则保持蒙古旧法。但蒙古人吸取汉化的态度，并不积极；汉化的程度，也不深厚。仁宗时，开始以科举考试笼络汉人，这可看出科举制度在中国已奠定不可动摇的基础。但元室忌视汉人，未能善用这种制度，以致无法使汉人与之充分合作。其政治的腐败落伍，也与此大有关系。蒙古人的文化，尚未完全脱离游牧民族的本色。元时中国本位文化仍具深厚的潜力，因此元室虽不积极提倡汉化，但蒙古本身的文化对汉人可谓毫无影响。到明室建立，汉官威仪，随即恢复，异族的统治痕迹，几无可寻。"[223]

223《汉唐史论集》，页380，联经出版事业公司一九七七年。

这一番论述并不圆满，如所谓"毫无影响""几无可寻"，但论其趋势大略如此，是不错的。

宋代金银器的取式，一个重要的特点是从其他工艺品中借鉴。当然在很多情况下借鉴是相互的。与唐代、尤其是唐初不同，彼时金银器作为容器在生活中大量使用以显豪奢，还是一种受了外来影响的新风，而从目前的发现来看，金银器多出官作，民间的制作尚未十分普遍，宋元金银器则以出自民间作坊为多。婚嫁，庆寿，送礼，设宴，乃至开在京城里的酒店，金银器、特别是银器的使用已有了一定程度的普遍性。唐代曾经有过的一种近乎单向的模仿，例如瓷器式样的仿金银器，宋元时代这种追摹已经很少见。这时候金银器的纹样设计，或取材于传说故事，或得自绘画，又有仿古一类；再或选取瓷器、玉器中比较成熟的传统图案，而在此基础上复以巧思出新。

总之，金银器走过唐代的辉煌，也走过了融汇异域因素而形成自己风格的发展历程，两宋则是器形与纹样不断演变并逐渐定型亦即中土化的时代，元明清在纹样与器形上便多沿袭两宋之旧，因此可以说宋代是金银器制作中承上启下的一个最为重要的阶段。元承两宋，而在继承与创新的基础上使宋代形成的风格与样式进一步稳定下来，其影响一直到元，而为明清所继承。

第二章 明代金银器皿

第一节 小引

　　明代金银器皿以筵席用器为主。皇室用器之一般，可见礼书所举"供用器皿"中的金银器。如金器一项中的"壶瓶一对，酒注一对，盂子一对"，"盘盏二副"，"托里胡桃木碗四个""托里胡桃木锺子一对"；"茶匙一双"、"匙一双"、"箸二双"。又银器一项中的"壶瓶二把，果合一对，汁瓶二把，茶瓶一对，汤鼓四个，按酒楪一十二个，果碟一十二个，菜碟一十二个"[1]。再看《江西省大志·陶书》列举景德镇烧造器皿的"御供"一项，中有"烧成桌器一千三百四十桌"，"每桌计二十七件，内案酒碟五，果碟五，菜碟五，碗五，盖碟三，茶锺、酒盏、楂斗、醋注各一"[2]。楂斗，同书他处亦作"柤斗"，应即通常所称之"渣斗"。除此二十七件一套之外，尚有每桌三十六件、六十一件者，桌器二十七件，是数量最少的一类组合。而把它与礼书所录皇室供用器皿中的金银器相对照，可见就种类来说是大致相同的。在皇族，此不过是平常膳食所用，那么也就是席间的基本用具。

1《礼部志稿》卷二〇《皇太子纳妃仪》，又《亲王婚礼·回门礼物》。《明会典》(万历重修本)卷六八、卷六九与此同。银器中的"菜碟"，《皇太子纳妃仪》中为"茶碟"。

2 明王宗沐纂修、陆万垓增修，万历二十五年刊本，成文出版社影印。

酒器自然是筵席用器中最为引人注目的一类。斟酒之器，为壶瓶、酒注。酒注自元代始已不再流行与温碗合为一副，虽然这时候的饮酒通常仍习惯热饮。器中酒冷，可随时烫热，明陆噱云《世事通考·酒器类》因此特列有"既济炉"，其下注云："即水火炉也。"明末话本小说《鼓掌绝尘》第一回记述几人道观饮酒的光景，曰许道士"唤道童把壶中冷酒去换一壶热些的来"，道童便"连忙去掇了一个小小火炉，放在那梅树旁边，加上炭，迎着风，一霎时把酒烫得翻滚起来"。

饮酒器中，酒盂子、盘盏之外，尚有各种异形杯盏，如各种花式盏，最常见的是菊花杯盏，又瓜杯、桃杯、爵杯，一侧有柄的卮杯，双耳者如灵芝双耳杯 3 〔插图一〕，日月双耳杯，等等。样式最为普通的一类，便是光素无纹的金银酒锺。异形杯盏的造型与纹饰多是在宋元劝杯的基础上继承与发展，用法也大体相同。

渣斗，在金银器中有形制更为考究的唾盂，如北京定陵出土的金龙凤戏珠纹唾盂四件。此唾盂实为三件套，即把带折沿的小金盂坐在平底金罐的口沿，上覆一个莲苞式钮的金盖 4 〔插图二〕。同墓出土的锡明器中有自铭"锡唾盂"

3 北京市海淀区博物馆《海淀博物馆》，图四六，文物出版社二〇〇五年。按所出为一对。

插图一　金灵芝双耳杯 北京海淀区明杜茂墓出土

4 四件形制、大小基本相同，其中一件通高 8.3 厘米，共重 190.5克，中国社会科学院考古研究所等《定陵》，页158，文物出版社一九九〇年；北京市昌平区十三陵特区办事处《定陵出土文物图典》，图六二、六三，北京美术摄影出版社二〇〇六年。按报告与图典均称之为"唾壶"，不过比照同墓出土自铭"唾盂"的锡明器，此以名作唾盂为是。

5《定陵出土文物图典》
（见注4），图四三八至
四四一、图五五四。

者，其小罐之下尚有一个高脚承盘[5]〔插图三〕。那么作为
实用器皿，金唾盂也应是有承盘的。

插图二　金唾盂　北京
定陵出土

插图三　锡唾盂　北京
定陵出土

6《天水冰山录》登录
有"金醋注壶二把"。

7 北京市文物局《北
京文物精粹大系·金银
器卷》（北京出版社二
〇〇四年）将此瓶器底
铭文系于金执壶下（图
一〇二），今经查证，原
当是此金瓶之铭。

　　供御瓷器中有醋注，《陶书》"器皿估数"一节中记录醋
注的尺寸，是"高四寸五分"。金银器中则有"金醋注壶"[6]，
皇室供用金银器皿中的汁瓶，当也是与此相类之器，如北京
海淀青龙桥董四墓村明嫔妃墓出土的一件金汁瓶[7]〔插图四〕。
器底铭曰"银作局弘治元年六月内造汁瓶一把，攀全，计
八成色金二十两重"。金瓶造型类如玉壶春瓶，瓶盖的宝珠

插图四　金汁瓶 北京
海淀区青龙桥董四墓
村明墓出土

钮下垂缀一根攀索与套在瓶颈的金箍相连，它应该就是铭
文所云"攀全"。

　　筵席中各种器皿的用法，在小说里多有细致的描
写。且看《金瓶梅词话》中平常的一顿饭食，——该书第
三十四回，"说未了，酒菜齐至。先放了四碟菜果，然后又
放了四碟案鲜：红邓邓的泰州鸭蛋，曲湾湾王瓜拌辽东金虾，
香喷喷油煤的烧骨，秃肥肥干蒸的劈晒鸡。第二道，又是
四碗嗄饭：一瓯儿滤蒸的烧鸭，一瓯儿水晶膀蹄，一瓯儿
白煤猪肉，一瓯儿炮炒的腰子。落后才是里外青花白地磁盘，
盛着一盘红馥馥柳蒸的糟鲥鱼，馨香美味，入口而化，骨
刺皆香。西门庆将小金菊花杯斟荷花酒，陪伯爵吃"。案鲜，
也称案酒，为凉菜，用碟，即所谓"按酒楪"；嗄饭，即下
饭，为热菜，用碗。所谓"菜果"，当是干鲜果品和时蔬小
菜。如《醒世姻缘传》第五十回说到的"四碟剥果：一碟
荔枝、一碟风干栗黄、一碟炒熟白果、一碟羊尾笋嵌桃仁"；
"四碟小菜：一碟醋浸姜芽、一碟十香豆豉、一碟莴笋、一碟椿芽"。则前者所用为果碟,后者所用为菜碟。

　　明代宴饮场面,多见于同时代的戏曲小说版画插图和寺观壁画,又宫廷绘画中的写实之作。后者则如台北故宫博物院藏《入跸图》。《入跸图》其中一段绘天子水路启程,旁有小舟随驾,舱中设食案,案旁一具香几,几设炉瓶三事:玳瑁香盒一,古鼎式香炉一,又一个哥窑瓶,里边插着香匙和香箸。食案上一对插着牡丹花的铜觚,两把杏叶执壶,其中之一为金镶宝。又台盏一副,盏为灵芝双耳。又一个满盛着桃子的大果盘,旁边一个朱漆盏托托着的金盖玉盏。其侧一个三足酒尊,尊里斜着一柄酒勺〔插图五〕。这一场景中的各种器具,几乎都有实物可证。而寺观壁画的题材虽然或佛或道,或民间诸神,但画工的依据总还是世间万象。如山西新绛稷益庙明代壁画中的一幅备宴图,图绘红漆桌上放着朱红大果盘,旁边三足炉一,玳瑁香盒一,桌边侍女一人捧酒注,一人持茶筅,另有一人手捧上扣纱罩、内

插图五《入跸图》局部 台北故宫博物院藏

置包子的一个大托盘〔插图六〕。此托盘便正如皇室供用器
皿"漆器"一项中列出的"朱红戗金馒头肉盘四个"（其下
注云："红纱罩四"）。其他陈设与《入跸图》也颇有相似之处。

就公开发表的情况而言，明代金银器皿的发现不能算
多，除皇亲贵戚之器出自墓葬以外，其他的成批金银器皿
多出自窖藏。

插图六　备宴图　山西
新绛稷益庙壁画

8 湖北省考古研究所
《梁庄王墓》，页32，彩
版一八、一九，文物出
版社二〇〇七年。器藏
湖北省博物馆，本书照
片为参观所摄。

9《北京文物精粹大
系·金银器卷》（见注7），
图八四。器藏首都博物馆，
本书照片为参观所摄。

第二节　举例

1 金素杏叶执壶（图2－1：1）
湖北钟祥明梁庄王墓出土 [8]

金镶宝飞鱼纹执壶（图2－1：2）
北京永定门外南苑明万通墓出土 [9]

图 2 - 1：1 金素杏叶执壶
湖北钟祥明梁庄王墓出土

图 2 - 1：2a 金镶宝飞鱼纹执壶
北京永定门外南苑明万通墓出土

图 2 - 1：2b 金镶宝飞鱼纹执壶局部

　　金银酒器中的斟酒之器，元代以玉壶春瓶为主，明代则即杏叶执壶。"杏叶"之名应是得自壶腹的开光好似杏叶，定陵出土的锡明器中有自名"锡杏叶茶壶"者，其腹部贴饰一枚杏叶以表示开光之意，可以作为旁证[10]（图2－1：3）。《天水冰山录》登录有"金素杏叶壶一十一把"，"金飞鱼杏叶壶二把"，"金麒麟杏叶壶二把"，即此类。"飞鱼杏叶"、"麒麟杏叶"，便是在杏叶开光中装饰飞鱼纹。今能见到不少瓷器中的例子，如出自陕西耀县的酱釉描金牡丹孔雀杏叶执壶[11]（图2－1：4），又土耳其托普卡比宫藏金彩牡丹孔雀杏叶执壶和蓝釉升龙海水杏叶执壶[12]（图2－1：5、6）。明代绘画的宴饮场面中多有杏叶执壶的形象，如山西汾阳圣母庙壁画（图2－1：7、8），如台北故宫博物院藏《入跸图》。

10《定陵出土文物图典》（见注4），图四六七。

11 壶高30厘米，国家文物局《中国文物精华大辞典·陶瓷卷》，图七八四，上海辞书出版社等一九九五年。

12 Ilhan Aksit, *Topkapi Palace*, p.138, p.136, ISTANBUL, 2005. 前者高24.6厘米，后者高29.3厘米。

图2－1：3 锡杏叶茶壶 北京定陵出土

图2－1：4 酱釉描金牡丹孔雀杏叶执壶 陕西耀县出土

图2-1:5 金彩牡丹孔雀杏叶
执壶 托普卡比宫藏

图2-1:6 蓝釉升龙海水杏
叶执壶 托普卡比宫藏

图2-1:7 山西汾阳圣母庙壁画

图2-1:8 山西汾阳圣母庙壁画

梁庄王墓出土的金素杏叶执壶通高 26.4 厘米，口径 6.4
厘米，重 868.4 克，壶底外壁铭曰："银作局洪熙元年正月
内成造捌成伍色金贰拾叁两盖嘴攀索全外焊壹分。"式样相
近的金素杏叶执壶也见于北京右安门外明万贵墓，又北京
定陵[13]（图 2－1：9、10）。不过定陵的一件没有攀索，而
壶嘴与壶颈之间的如意云后两件也是没有的。三例中，梁
庄王墓出土者时代为早，如果以瓷器作为参照，那么它的
样式也最为标准。

13 壶高 29.5 厘米，口
径 6.4 厘米，重 995 克。
《北京文物精粹大系·金
银器卷》（见注 7），图
八二；《定陵出土文物图
典》（见注 4），图七。

图 2－1：9 金杏叶执壶
北京右安门外明万贵墓出土

图 2－1：10 金杏叶执壶
北京定陵出土

明代以前，金银器皿嵌宝并不多见，虽然据文献记载
宫廷颇有此类[14]。不过它在明代也依然是皇亲贵戚或显宦
豪富之家方才置办得起。《二刻拍案惊奇》卷四《青楼市探
人踪 红花场假鬼闹》曰张廪生在父亲死后欲独吞巨万家
私，因向官府递了状子，然后向主事者杨巡道行贿，于是"将
出三百两现银，嵌宝金壶一把，缕金丝首饰一副，精工巧

14 如《武林旧事》卷七
云淳熙三年天申圣节，
德寿宫里"铺放七宝金
银器皿"；十月会庆圣
节，太上皇赐孝宗"垒
珠嵌宝器皿一千两"。

丽，价值颇多，权当二百两，他日备银取赎"。孰料杨巡道不久便坏了官，张廪生舍不得那一把嵌宝金壶和一副金首饰，遂上门去讨，而在杨巡道，"只有那金壶与金首饰，是他心上得意的东西，时刻把玩的，已曾几度将出来夸耀亲戚过了"，如何舍得退还，由是引出一场血案。这一件推助情节发展的嵌宝金壶，价值可见。

万通墓出土的金镶宝飞鱼纹执壶高19.4厘米，口径4.4厘米，重365.4克。盖钮是莲苞捧出的一颗蓝宝石，盖钮下面一周红宝石，其侧圆环内贯攀索与壶柄相连。壶腹开光内錾飞鱼。流、柄和盖顶镶嵌的红蓝宝石共有二十一颗（部分脱落）。万通是宪宗宠妃万贵妃的弟弟，以贵妃之擅宠而得宫中赏赐颇多[15]，此器精丽华奂，也当是出自宫禁。

飞鱼，形若龙而有翅有鳍，制则未有龙之尊。成都市红牌楼明蜀太监墓群五号墓墙壁彩绘石刻中也有相似的图案[16]（图2-1:11）。

15 万通生于正统四年，卒于成化十八年。《明史》卷三〇〇《万贵传》"时贵妃方擅宠，贵子喜为指挥使，与弟通、达等并骄横。贵每见诸子屑越赐物，辄戒曰"云云。

16 成都市文物考古研究所《成都市红牌楼明蜀太监墓群发掘简报》，页441，图一八，《成都考古发现·二〇〇三》科学出版社二〇〇五年。

图2-1:11飞鱼 成都市红牌楼明蜀太监墓彩绘石刻

2 银鎏金加冠进禄葵口盘（图 2 - 2：1）

北京海淀区明杜茂墓出土 [17]

17《海淀博物馆》（见注
3），图四七。

图 2 - 2：1 银鎏金加
冠进禄葵口盘 北京海
淀区明杜茂墓出土

　　唐宋元时期流行的台盏，到了明代已近乎隐退，虽然
名称犹存。此际曰"盘盏"，曰"台盏"，其实所云皆为盘
盏，——《三才图会》中的盘盏图与定陵出土自名"锡台盏"
者式样几乎相同，即可为证（图 2 - 2：2、3）。

　　明代盘盏一副中的承盘，就造型而言，与元代式样相
比变化不是很大，中心凸起的浅台多以莲瓣纹为饰，其风
格趋于规整，《三才图会》中的盘盏图正代表了它的一般样

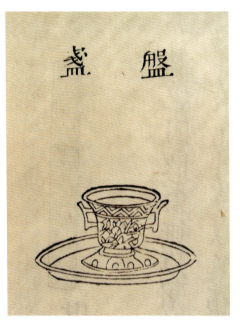

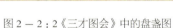

图2－2：2《三才图会》中的盘盏图

图2－2：3 锡台盏 北京定陵出土

式。明代绘画筵席用器中的盘盏也多与此式一致，如前举台北故宫博物院藏《入跸图》，如明世德堂刊本《赵氏孤儿》中的插图（图2－2：4）。实例则可以举出北京石景山区雍王府出土的银日月双耳杯盘一副[18]（图2－2：5）。

承盘纹样，明代以吉祥图案为主，杜茂墓出土的这一件银鎏金盘便是一例。它原是承盏之盘而失盏。《天水冰山录》"盃爵"类列有"金加官进禄盏"，所失之盏应即此类。中心一个承盏的浅台，外缘装饰一周鎏金莲瓣。其外的空间便布置为很规矩的鱼子地，并錾刻图案。图案下方为一带山石，月台上一个小童捧冠前行，身后相跟一只梅花鹿，以寓"加官进禄"。上方一朵祥云，一只喜鹊，云后露出桂树的枝叶，树梢处为日轮。左侧山腰平台上两人指日观景，便是"指日高升"。右侧为桂树老干，树下一丛灵芝，攀援

18 盏高 3.7 厘米，重 67.5 克；承盘口径 18.7 厘米，重 215.5 克。《北京文物精粹大系·金银器卷》（见注 7），图二二一。按《天水冰山录》登录有"金双耳日月盃四个，共重五两六钱"。

图2－2：4《重订赵氏孤儿记》
明世德堂刊本

图2－2：5银日月双耳杯盘一副
北京石景山区雍王府出土

桂树的猴子伸臂指向一只蜜蜂。自然又是"封侯"之意。
盘高一厘米，口径15.5厘米。

3金圆须弥座盘盂一副（图2－3：1）

北京定陵出土[19]

明代饮酒器中常常用到的一种是酒盂，开篇所举皇室
"供用器皿·金器"一项有"壶瓶一对，酒注一对，盂子一
对"；《春明梦余录》卷一七"寝庙器用"条曰"每庙壶一，
盂一"。《天水冰山录》"纯金器皿"中的第一项便是"壶盂"，
名目如"金飞鱼壶四把，金盂四个"，"金八仙庆寿壶一把，
金盂一个"；等等。《世事通考·酒器类》中也列有"酒盂"，
而这是反映了社会生活一般情景的。

19《北京文物精粹大
系·金银器卷》（见注7），
图一一七。

20《重庆中国三峡博物馆·重庆博物馆》，页211，文物出版社二〇〇五年。

金银酒盂通常也有承盘，如南京江浦黄悦岭南宋张同之墓出土的盘盂一副（图1－5：1、2）。重庆江北织布厂明玉珍墓出土一件金酒盂，高2.4厘米，口径八厘米，盂底铭曰"连盘四两七钱半"[20]（图2－3：2），则此盘盂一副乃同时打造，只是发现时已失其盘。

图2－3：1金圆须弥座盘盂一副 北京定陵出土

图2－3：2金盂 重庆江北织布厂明玉珍墓出土

　　酒盂造型如酒盏，而平底、无足是其特征。定陵出土的这一件便是酒盂的基本样式。不过光素无纹的酒盂下面却有一个极讲究的承盘[21]。盘面图案为二龙戏珠，盘心凸起的圆环上面另外焊接一个承座，承座好似三弯腿带托泥的一个小几，束腰以朵云相环，束腰下面的牙子做成一周下覆的牡丹花瓣，于是足与足的空当之间同盘心圆环一起构成完整的壶门轮廓，成为须弥座式样。承座造型无疑来自同时代的香几[22]（图2－3：3）。它的名称也见于《天水冰山录》，如"盘碗"类中的"金圆须弥座盘"、"金方须弥座盘"。不过考古发现中的实物，似仅此一例。

21　盘盂通高6.7厘米，盂口径6.7厘米，承盘口径14.1厘米，重160克。

22　王世襄《明式家具珍赏》，图七二，三联书店香港分店等一九八五年。

图2－3：3 明黄花梨三足香几 采自《明式家具珍赏》

4 金镶宝爵杯盘一副（图 2 – 4：1）

北京定陵出土 [23]

图 2 – 4：1 金镶宝爵杯盘一副 北京定陵出土

爵杯高 10.3 厘米，爵身打作二龙戏珠，其侧一个云雷纹的把手，口沿接焊的一对爵柱及底部接焊的三足之端均为龙首衔珠。爵底外壁铭文一周："万历年造足色金重五两一钱七分。"承盘高 1.2 厘米，口径 15.9 厘米，盘内纹饰与爵杯一致，亦为二龙戏珠，盘心则是高高凸起的一个承座，承座的祥云杂宝地子上打作三个嵌宝花瓶，瓶里满插金枝、金叶和嵌宝的金花。杯与盘总重 531.5 克。

爵是先秦礼器中的酒器，在祭礼中用于敬神，在宴饮中用于敬客。《仪礼·乡饮酒礼》"主人坐取爵实之，宾之席前，西北面献宾"，郑注："献，进也，进酒于宾。"《诗·大雅·行苇》"或献或酢，洗爵奠斝"，郑笺："进酒于客曰献，客答之曰酢。"这里说的正是宴饮时的情景 [24]。敬神与敬客，爵

23《北京文物精粹大系·金银器卷》(见注 7)，图一四六。

24《考工记·梓人》曰"梓人为饮器，勺一升，爵一升，觚三升。献以爵而酬以觚，一献而三酬，则一豆矣"。进酒于客曰献。主人再先饮，劝宾饮，谓之酬。献、酢、酬，合称一献。《仪礼·乡饮酒礼》郑注："酬，劝酒也。"酬又作醻，《诗·小雅·彤弓》郑笺："饮酒之礼，主人献宾，宾酢主人，主人又饮而酌宾，谓之醻。醻犹厚也，劝也。"

的这两种用途后世一直沿用下来，直到明清。

　　用于敬酒，其用途便如宋元时代的劝盏，是酒筵中式样别致的一件，如明世德堂刊本《裴度香山还带记》插图中的场景（图2－4：2）。而饮酒行令的时候，爵又或用作罚觥，比如万历刻本《元曲选·杜蕊娘智赏金线池》中的一幅插图。图中所绘桃柳之间的会饮，原是剧中颇为热闹的一折，即韩辅臣出钱安排酒果，暗中请得诸姐妹来劝杜蕊娘回心转意。饮酒行令之际，杜蕊娘约定"酒中不许题着韩辅臣三字，但道着的，将大觥来罚饮一大觥"。偏是她一开口，先就道着"韩辅臣"，姐妹们道："姨姨，你可犯了令也，将酒来罚一大觥。"这里便绘着张嬷嬷、李妤妤、闵大嫂三人各持盘盏一副，惟杜蕊娘手中是一只爵杯，即所谓"罚觥"（图2－4：3）。

　　爵杯也常用来作为礼敬，而又以寿礼为常。洪昇杂剧

图2－4：2《裴度香山还带记》明世德堂刊本

图 2 — 4 : 3《杜蕊娘智赏金线池》局部 万历刻本

《四婵娟》第二折曰王羲之欲往卫夫人府中行拜师之礼，僮儿云："这等兑一对镌名的杯儿，上面刻着'门生王羲之百拜，恭为卫老夫人晋爵'。"《金瓶梅》第五十五回列举西门庆送给蔡太师的寿礼，中有"狮蛮玉带一围，金镶奇南香带一围，玉杯、犀杯各十对，赤金攒花爵杯八只，明珠十颗"。又话本小说《珍珠舶》卷二第三回曰金生做了侯官知县，"忽值都院寿辰，各县馈贺，俱有数百金礼物。金生捡视箧内，止余俸银四两七钱。连忙唤进匠工，着令打造巧样爵杯二只，并将金扇四柄，亲自赍赴辕门"[25]。湖南通道侗族自治县江口乡出土一件银爵杯，铭曰"丁亥仲夏祝 弗翁党公祖寿 治生胡尚益具"[26]（图 2 — 4 : 4），公祖是对知府以上地方官的尊称。党公祖即党哲，字弗翁，明末靖州知州。胡尚益为靖州人，曾任明末四川岳池县知县，因对家乡长官以"治生"为谦词，那么此即南明隆武二年在外为宦者呈送家乡长官的一份寿礼。

25《珍珠舶》，署"鸳湖烟水散人著"，"鸳湖烟水散人"，即徐震，由明入清。

26 杨伯达《中国金银玻璃珐琅器全集·金银器》第三卷，图二八〇，河北美术出版社二〇〇四年。

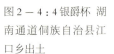

图2－4：4银爵杯 湖南通道侗族自治县江口乡出土

5 金錾八仙故事图盘盂一副（图2－5：1、2）

北京右安门外明万贵墓出土 [27]

27 《北京文物精粹大系·金银器卷》（见注7），图五二、图六五。器藏首都博物馆，本书照片为参观所摄。

图2－5：1a 金錾八仙故事图八方盂 北京右安门外明万贵墓出土

图2－5：1b 金錾八仙故事图八方盂外壁

图 2 — 5 : 2a 金錾八仙故事图八
方盘 北京右安门外明万贵墓出土

图 2 — 5 : 2b 金錾八仙故事图八方盘
局部

28 按图版说明云："金
杯以范铸、焊接、錾花
等工艺技法制作。杯为
八方形，敞口折沿，向
下渐收，平底。杯心为
太白醉酒像，诗仙李白
双眼平视前方，右手置
胸前，左手扶一倒地的
空酒坛，右腿支住右手，
左腿横卧地上，外壁錾
刻八仙人物。"

29 如汤式"谁承望捉
月骑鲸再不来。酒，则
被你断送了文章李太
白"(〔黄钟〕《出队子·酒
色财气四首》之一，隋
树森《全元散曲》，页
1605，中华书局一九六四
年)；又无名氏"沉醉也
把明月水中捞"(〔越调〕
《柳营曲·李白》)，同前，
页 1734。

金盂为八方式，高 2.9 厘米，口径 7.8 厘米，外壁八面
各錾一个八仙中的人物，内底心一人扶醉而坐。或以为此
是太白醉酒[28]，但如果杯心人物为太白醉酒，则与外壁的
装饰主题不甚贴合，并且它与明人塑造的李白形象也不很
相符。明汪云鹏《有象列仙全传》卷六"李白"一则曰白
"醉堕江死"，"元和初，有人海上见白与一道士在高山上笑
语，久之，与道士于碧雾中共跨赤虬而去"。这一段仙话原
是从宋元时代十分流行的李白骑鲸传说演变而来，元曲中
用到的李白典故即以"捉月沉江"为多，可以见出发展的
线索[29]。《列仙全传》同卷为故事所绘插图，便是一幅山巅
云雾里的李白骑虬像（图 2 — 5:3）。《天水冰山录》"盂爵"
类登录有"金素李白骑鲸大盂一个"。明末话本小说《鼓掌
绝尘》第十三回说西湖边上有那博泥人儿的，泥人儿名目

图 2 − 5：3 李白 《有象列仙全传》

30 郭学雷《明代磁州窑瓷器》，页 69，文物出版社二〇〇五年；叶佩兰《元代瓷器》，图二五一，九洲图书出版社一九九八年。按后者定其时代为元。

31 毕卓故事，见《晋书》卷四九《毕卓传》：晋元帝时为吏部郎，"常饮酒废职，比舍郎酿熟，卓因醉夜至其瓮间盗饮之，为掌酒者所缚，明旦视之，乃毕吏部也，遽释其缚。卓遂引主人宴于瓮侧，致醉而去"。此故事也见于传世绘画，故宫藏传唐人陆曜《六逸图》中的"六逸"之一即为"毕卓醉酒"。又浙江义乌柳青乡游览亭村宋代窖藏出土银片亦取此为装饰图案，相关考证，见扬之水《终朝采蓝——古名物寻微》（三联书店二〇〇八年）。

32 金人蔡珪《太白捉月图》："寒江觅得钓鱼船，月映江心月在天。世上不能容此老，画图常看水中仙。"薛瑞兆等《全金诗》，册一，页 466，南开大学出版社一九九五年。

中有"李白骑鱼"。此外，李白在元明瓷器纹样中作为酒人形象出现，也总是紧扣"玩月沉江"的题目。如美国旧金山亚洲艺术馆藏一件白地黑花褐彩图罐[30]，罐腹一周三个开光，开光内的三个酒人分别是毕卓、陶渊明、李白[31]（图 2 − 5：4）。李白独坐江边，旁置酒盏与注壶，天边云朵捧出明月与江心之月相辉映。所谓"月映江心月在天"，似乎是"太白捉月图"中不可缺少的构图因素[32]。

金杯外壁錾刻八仙，则杯心人物也应内外呼应为仙人。与李白时代大抵相同而稍稍晚一点的还有一位著名的酒人，即张志和。他先仕后隐，很早即入编仙籍。一组极见旷达

图 2－5：4a 磁州窑
酒人图罐（渊明爱菊
图） 旧金山亚洲艺术
馆藏

图 2－5：4b 磁州窑
酒人图罐（毕卓醉酒
图） 旧金山亚洲艺术
馆藏

图 2 — 5：4c 磁州窑
酒人图罐（李白玩月
图）旧金山亚洲艺术
馆藏

情怀的《渔父词》传之广远，以致与他一起唱和的颜真卿
也成为神仙传中的人物。《云笈七签》卷一一三下"玄真子"
云："玄真子姓张名志和，会稽山阴人也。博学能文，进士
擢第，善画，饮酒三斗不醉。守真养气，卧雪不寒，入水不濡。
天下山水，昔所游览。鲁公颜真卿与之友善。真卿为湖州
刺史，与门客会饮，乃唱和为渔父词。其首唱即志和之词，
曰：'西塞山边白鸟飞，桃花流水鳜鱼肥。青箬笠，绿蓑
衣，斜风细雨不须归。'真卿与陆鸿渐、徐士衡、李成矩共
唱和二十五首，递相夸赏。而志和命丹青剪素，写景夹词，
须臾成五本，花木禽鱼，山水景像，奇绝踪迹，今古无伦。
而真卿与诸宾客传玩，叹伏不已。其后真卿东游平望驿，
志和酒酣为水戏，铺席于水上，独坐饮酌啸咏。其席来去

迟速如刺舟声，复有云鹤随覆其上。真卿亲宾参佐观者，
莫不惊异。寻于水上扬手以谢真卿，上昇而去。今犹有宝
传其画在人间者。"

关于张志和的画图，米芾《画史》曾提到"唐画《张
志和颜鲁公樵青图》"。樵青者，志和之婢也，为肃宗所赐。
日人古原宏伸作《〈画史〉集注》，以《三庞图》为例，推
测此作的构图或为三人并立之像。今此图不传，未知究竟
如何。不过明《有象列仙全传》卷六有他的传记和图像。
图绘万顷波涛中一叶坐席，席置酒坛和壶等酒具，志和戴
幞头，着圆领袍，袍系革带与看带，手持高足杯，与云中
舞鹤相对（图 2 — 5:5）。明洪应明《月旦堂仙佛奇踪合刻》

图 2 — 5 : 5 张志和
《有象列仙全传》

卷三《玄真子》中，也有一幅构图大体相同的画像，惟玄
真子的身边多了一具钓竿（图2－5：6）。两幅明代版画
所绘都是玄真子在水戏中酒酣乘席仙去之际的奇幻。以版
画与金盏内心的塑像相对看，可以见出形象的一致，而后
者的一点巧思在于"留白"，即波涛的效果正要靠满斟于杯
中的酒来表现，这一构思原也是来自传统工艺，如在杯心
作出游于莲叶之上的小龟。当然版画的时代或晚于金盏，
但所本的故事则是同源，——《有象列仙全传》作者序云，
是编"共成五百八十一人，而有像则二百二十二人。何则？
王母多齿，尚父无髭，非可拟议而想像者，宁用阙如，以
俟博识云尔"。可见此书的"出像"取之有据，版画与金盏
中的形象因此不妨互证。

图2－5：6张志和
《月旦堂仙佛奇踪合刻》

　　金盘高 0.9 厘米，直径 16.2 厘米。纹样錾作一幅楼阁人物图。金盘所承为盂，因此承盘盘心不做出承足的浅台，即如第一章所举南宋张同之墓出土的一副银盘盂。盘内画面临水一座高阁，门前酒望高挑，楼上有人置酒对饮，有人登临远眺。楼脚一带通衢，有人马络绎而行。水畔一株高柳，柳边现出一角石桥。酒楼顶端松枝掩映，松梢处涌出几朵流云，云间二人，上风处一人负剑，下风处一人捧篮。

　　与金盂外壁的八仙相呼应，金盘图案表现的人物故事应为马致远《吕洞宾三醉岳阳楼》，云朵上的两个人便是点明度脱主题，即第一折里吕洞宾在岳阳楼把自己提着的墨篮交付柳树精，约定三十年后再度他成道。

　　度脱剧是元杂剧的流行题材之一，明代这一类剧目则常常搬演于寿筵。朱有燉《瑶池会八仙庆寿·序》云："庆寿之词，于酒席中，伶人多以神仙传奇为寿，然甚有不宜用者，如韩湘子度韩退之，吕洞宾岳阳楼，蓝采和心猿意马等体，其中未必言词尽皆善也。故予制《蟠桃会》、《八仙庆寿》传奇，以为庆寿佐樽之设，亦古人祝寿之意耳。"这里被认为的"不宜用者"，大约也正是当日经常搬演的几种。从纹饰图案来看，万贵墓出土的金錾八仙故事图盘盂一副为上寿的贺礼或庆寿宴席中用器应无疑义。而另一件不妨和它对看的明黑漆螺钿八方盒，适可作为这一图式之流行的一个旁证。漆盒今藏日本大阪市立美术馆，盖面图案与金八方盘的构图大体一致，石桥，垂柳，酒望，高阁，高阁上下内外的各色人物，基本要素都是相同的。惟天际一朵祥云中只有负剑持扇者一，而以负剑为标识，可知这里讲述的是与金八方盘同样的故事，不过略作变化而已[33]（图 2 — 5：7）。

33 东京国立博物馆《中国の螺钿》，图九五，便利堂一九八一年。

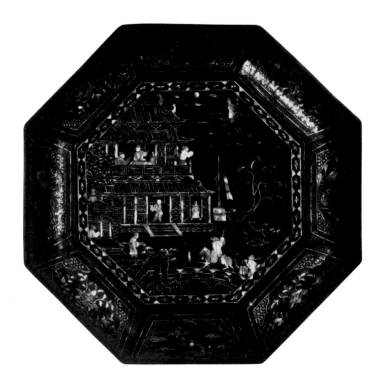

图 2 - 5：7 明 黑 漆
螺钿八方盒　大阪市
立美术馆

6 金镶宝桃杯（图 2 - 6：1）

北京永定门外南苑明万通墓出土 [34]

金折枝花卉纹枝梗把杯（图 2 - 6：2）

河南新蔡县城北门外出土 [35]

作为席间的劝杯，金银桃杯和各种花式杯在宋元时代
已经很流行。明代一面继承前代，一面发展为新的样式和

34 《北京文物精粹大
系·金银器卷》(见注 7)，
图八九。

35 器藏河南博物院，本
书照片为参观所摄。

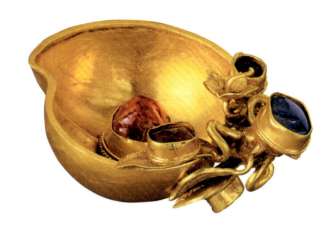

图2－6：1金镶宝桃
杯 北京永定门外南苑
明万通墓出土

图2－6：2金折枝花
卉纹枝梗把杯 河南新
蔡县城北门外出土

风格。至于用法，则大致相同。如《金瓶梅》第四十九回
曰西门庆伴着蔡御史在花下饮酒，"韩金钏拿大金桃杯满
斟一杯，用纤手捧递上去，董娇儿在旁捧果"。又《梼杌
闲评》第三十七回："戏完换席行令，崔呈秀是令官，张
体乾是照察。……恰值一杯酒轮到应星"，应星以有恙为辞，
体乾不依，"应星道：'非好为推辞，因有小恙，故不敢饮，
就是昨日在家母舅处，也未曾饮。'体乾道：'你拿这大帽
子来压我，再罚一大杯。'拿一只大梅花金卮杯斟满送来"。
体乾不住寻事，末了惹得应星勃然大怒，"就把手中的梅
花杯劈面打去，正中体乾的鼻梁，杯上的枝梗打了，陷在
脸上"[36]。应星，即傅应星，母舅便是魏忠贤。应星虽是
魏的外甥，却很不满于魏的种种倒行逆施，此所以忿击魏
党张体乾也。这里说到的"大梅花金卮杯"，便是席间用
来罚酒的一只"大杯"。

　　万通墓出土金镶宝桃杯以老干做柄，柄上伸展出金枝
金叶，金叶和杯心分别接焊石碗，内里镶嵌红蓝宝石。杯
高 4.4 厘米，长 6.8 厘米，宽 5.2 厘米，重 82.5 克。《天水
冰山录》列有"金嵌珠宝桃盃一十二个"、"金嵌宝桃盃八
个"，也是这一类。金银桃杯镶嵌珠宝，原是分外奢华的做
法，自非寻常可办。

　　新蔡县城北门外出土的金杯，杯身打作一树玉兰，一
侧焊接枝梗为杯柄，高 3.2 厘米，口径 6.7 厘米。它是不同
于宋元花式杯盏的明代样式，《梼杌闲评》中的所谓"大梅
花金卮杯"，此式庶几近之。

7 金高脚菊花锤（图 2 - 7：1）
浙江龙游窖藏[37]

36《梼杌闲评》又名《明
珠缘》，不题撰人，作
者大约为明末人。书中
所叙之事最晚者为崇祯
三年。

37 石超《错彩镂金：
浙江出土金银器》，页
243，浙江人民美术出
版社二〇一六年。

38 通高4.5厘米，口径5.3厘米，底径2.6厘米。《常州博物馆五十周年典藏丛书·漆木金银器》，页44，文物出版社二〇〇八年。

39 林健《明代肃王研究》，页86，甘肃人民出版社二〇〇五年。

40《定陵》（见注4），页160；《定陵出土文物图典》（见注4），图二七。

银镶木锤（图2－7：2）
常州博物馆藏[38]
金镶花梨木碗之金里与底（图2－7：3）
兰州市郊上西园明肃藩家族墓出土[39]
金镶花梨木碗（图2－7：4）
北京定陵出土[40]

图2－7：1 金高脚菊花锤 浙江龙游窖藏

图 2－7：2 银镶木锤 常州博物馆藏

图 2－7：3a 金镶花梨木
碗之金里 兰州市郊上西
园明肃藩家族墓出土

图 2－7：3b 金里内心与金底铭文

图 2－7：4 金镶花梨木碗
北京定陵出土

41 方以智《通雅》卷三四《器用·杂用诸器》"今谓茶锺曰瓯，古则曰颙瓯"（按古时瓯也用作盛酒。如长沙汤家岭西汉墓出土一件铜瓯，其腹部铭曰"张端君酒锺"，湖南省文物管理委员会《长沙汤家岭西汉墓》，《考古》一九六六年第四期；吴小平等《铜锺小考》，《华夏考古》二〇〇六年第四期）。不过瓯在明代也或指碗。如《金瓶梅》第二十回"两银厢瓯儿白生生软香稻粳米饭儿"；第二十二回"银厢瓯儿里粳米投着各样榛松栗子果仁梅桂白糖粥儿"。又第三十四回"第二道，又是四碗嘎饭：一瓯儿滤蒸的烧鸭"云云。前曰"碗"，后曰"瓯儿"，则碗和瓯的称谓又可以互换。总之，这一类日常用器如果不是并列出现，其名称在使用上便并不严格。而《三才图会》中的碗图与瓯图并举，则是特别要见出区别的。

"锺"是明代日常生活中使用最普遍的一种器皿，质地则瓷，则漆，则金银。它的几种常见式样，便如《三才图会》中的瓯图（图 2 − 7：5），瓯，古称也 [41]。

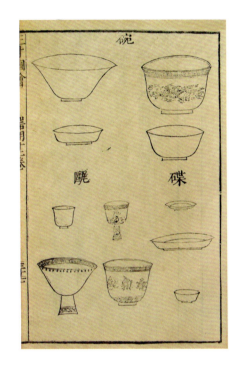

图 2 − 7：5《三才图会》中的瓯图

42《朱氏舜水谈绮》，页383，华东师范大学出版社一九八八年。

锺有酒锺，也有茶锺，《朱氏舜水谈绮》卷下"器用"一项列有"锺"，释云："茶锺，酒锺。" [42] 而二者似乎没有严格的区分。如《金瓶梅》第十六回"银镶锺儿盛着南酒"；同书第十三回，"叫小丫鬟拿了一盏果仁泡茶来，银匙，雕漆茶锺"。惟下有高足者，称作高脚锺或把锺，总是用作饮酒的。《金瓶梅》第十三回"银高脚葵花锺，每人一锺"。又同书第四十七回所谓"吃酒的各样菜蔬出来，小金把锺儿，

银台盘儿，金镶象牙箸儿"。《天水冰山录》开列的"金高
脚菊花盅一十二个"，也是这一类。出自浙江龙游窖藏的这
一对金高脚菊花锺便是实物之例，——锺高十厘米，口径 7.5
厘米，底有铭曰"崇祯十三年仲春月佘四六置吉旦"。金锺
内心则分别双钩"行"、"文"二字。

　　漆木锺、碗而镶金镶银，大约只是为着考究。皇室"供
用器皿·金器"一项有"托里胡桃木碗四个"，"托里胡桃
木锺子一对"。《醒世姻缘传》第一回曰晁秀才得了华亭知
县的美缺，于是"买尺头，打银带，叫裁缝，镶茶盏，叫
香匠作香，刻图书，钉幞头革带，做朝祭服，色色完备"。
可知"镶茶盏"也是显示身分的排场之一。

　　漆木碗镶金银的做法宋代已经流行，实物如江苏张家
港市杨舍镇戴港村宋墓出土的一件剔犀银里碗[43]（图 2 —
7 : 6）。出自北京定陵和兰州上西园明肃藩家族墓的金镶花

43　碗高 6.8 厘米，口径
13.8 厘米，同墓出土为
一对，墓主人卒于北宋
大观元年。陈晶《中国
漆器全集·三国至元》，
图一一九，福建美术出
版社一九九八年。

图 2 — 7 : 6 剔犀银里
碗 张家港市杨舍镇戴
港村宋墓出土

梨木碗在做法上与此几乎相同。定陵出土凡四件，形制相同，大小稍异，其中一件通高 10.5 厘米，口径 18.9 厘米，重 330 克，木足外所嵌金底铭曰"大明万历庚申年银作局制厢花梨木碗一个，托全"。肃藩家族墓出土者金里和底已经与碗分离，金里高 4.5 厘米，口径 14 厘米，金底铭曰"嘉靖拾陆年四月十七日监造，内使武镇，银匠汤镇，金重贰两玖钱，除底在外"。常州博物馆藏银镶木锺的制作也与金镶木碗相同。总之，这一类器皿在工艺上并无特别之处，不过是以金银彰显豪华，却也因此成为小说用来构筑生活细节而不肯轻易放过的一笔。

8 金茶匙（图 2 - 8：1）
湖北钟祥明梁庄王墓出土 [44]

银鎏金茶匙（图 2 - 8：2）
北京定陵出土 [45]

44《梁庄王墓》(见注 8)，页 35，彩版二四：3。按图版说明作"金漏勺"。本书照片为观展所摄。

45《北京文物精粹大系·金银器卷》(见注 7)，图一七二。按图版说明作"鎏金银勺"。

图 2 - 8：1 金茶匙 湖北钟祥明梁庄王墓出土

图 2 - 8：2 银鎏金茶匙 北京定陵出土

　　梁庄王墓出土的金茶匙，细长的匙柄做出一段竹节纹，匙叶轻薄形若一枚杏叶，叶心图案为团花，花心一朵小簇花镂空做，通长 15.5 厘米，重 11.8 克。时代为明前期。定陵出土的茶匙匙叶图案造型为当时流行的工艺品纹样蝶赶菊，菊花的特征用花蕊来表现，而在花瓣之间镂出规整的五个细孔；匙柄依然是传统做法，即中腰偏上的位置装饰一段竹节纹，而柄端又做出一朵如意云头，长 17.7 厘米，重 12 克。

　　说到饮茶，可以说自从有了陆羽和陆羽的《茶经》，便有了清雅的一派，而为士人传承下来。清雅派的饮茶讲究"品"，即要努力保持茶的清之本色，虽然加工为茶饼茶的本色差不多已经失了一半。其实这一种饮茶更多看重的是意境。相对于新起的清雅一派，茶中加料的饮茶习俗便是传统了，而传统的一派势力始终很强。王桢《农书·百谷谱集十》举出饮茶方式之三种，即茗茶，末茶，蜡茶，分述其详之后，又说到："茶之用芼，核桃、松实、脂麻、杏仁、栗任用，虽失正味，亦供咀嚼。"芼在先秦时代原指杂入羹中的各种野蔬，这里是借用。元代甚至还有"捣蒜烹茶"的做法，见关汉卿《裴度还带》杂剧。话本小说《快嘴李翠莲记》中关于茶事的细节描写也很有趣，道翠莲"走到厨下，刷洗锅儿，煎滚了茶，复到房中，打点各样果子，泡了一盘茶，托至堂前"，一面口中说着，"此茶唤作阿婆茶，名实虽村趣味佳。两个初煨黄栗子，半抄新炒白芝麻，江南橄榄连皮核，塞北胡桃去壳楂"。《快嘴李翠莲记》大约是元代作品而又经明人增益，这里反映的也正是元明习俗。

　　加添各种果料的茶，自有它的饮用方式与器具，此在明代小说中有不少描写。如《金瓶梅词话》第七回，西门庆与孟玉楼正说着话，"只见小丫鬟拿了三盏蜜饯金橙子泡茶，银镶雕漆茶锺，银杏叶茶匙。妇人起身，先取头一盏，用纤手抹去盏边水渍，递与西门庆"。又同书第十二回写西门庆在烟花院中，"少顷，鲜红漆丹盘拿了七锺茶来。雪绽般茶盏，杏叶茶匙儿，盐笋芝麻木樨泡茶，馨香可掬"。第十五回则是同样的场地，不过把茶换了样，却也是"彩漆方盘拿七盏来雪绽盘盏儿，银杏叶茶匙，梅桂泼卤瓜仁泡茶"。而第三十五回夏提刑的来访，一番光景又有不同，——"棋童儿云南玛瑙雕漆方盘拿了两盏茶来，银镶竹丝茶锺，金杏叶茶匙，木樨青荳泡茶吃了"。在成书稍晚的《醒世姻缘传》中也有大致相同的情节，如第五十四回曰"童奶奶使玉儿送过两杯茶来，朱红小盘，细磁茶锺，乌银茶匙，羊尾笋夹核桃仁茶果"。可知红漆盘，白瓷盏，银茶匙，是很精致的一套奉茶待客之具，而小小一柄茶匙在小说中不仅不被忽略，且特别借了金、银质地的不同见出来客的身分不同。至于屡屡出现的"杏叶茶匙"，梁庄王墓所出者即是。前举定陵出土明器中的锡壶，壶腹贴饰一枚与茶匙造型相若的锡片，上书"锡银杏叶茶壶"，便是与此相切之证（图2－1∶3）。

茶匙的式样本不止一种，点茶时用作击拂的茶匙是其一，蔡襄《茶录》"茶匙"条："茶匙要重，击拂有力，黄金为上，人间以银、铁为之，竹者轻，建茶不取。"镇江出土一件宋代柳叶式铜茶匙，应即此类 [46]。而饮加料茶的时候便又有用作取果的茶匙。高濂《遵生八笺》卷十一《饮馔服食笺·上》"茶具十六器"一项列有"撩云"，注曰："竹茶匙也，用以取果。"所谓"取果"，这里可以理解为两用，即点茶时的取果和饮茶时的取果。前引小说中的红

46 郭丹英等《茶匙》，页 45，《收藏家》二〇〇九年第五期。按文中举出的茶匙式样很不少，遗憾的是把两类茶匙混为一谈。

漆盘，白瓷盏，银茶匙，是此茶匙之用也。而由《西游记》
中的几段描写可以见得更加清楚。第二十六回曰"那呆子
出得门来，只见一个小童，拿了四把茶匙，方去寻锤取果
看茶"。又第六十四回说道"两个黄衣女童，捧一个红漆丹
盘，盘内有六个细磁茶盂，盂内设几品异果，横担着匙儿，
提一把白铁嵌黄铜的茶壶，壶内香茶喷鼻"[47]。明代绘画中
颇有与此相似的场景，如山西汾阳圣母庙北壁中的一幅备
茶图。画面中，嵌大理石心的红漆桌子上放着莲花钵、果
盒和一具金茶壶，旁边的一张桌子陈设狮子熏炉和鸭熏炉，
炉旁一函书，书前一个红漆丹盘里放着金茶盏，盏边横担
着一柄金茶匙（图 2 − 8：3）。又有明富春堂刊本《千金记》
中的一幅插图绘那坐定吃茶的光景，是一人手里一只茶锤，
锤里一柄茶匙（图 2 − 8：4）。

47 又同书第七十三回
曰师徒就坐，道士急唤
仙童看茶。"当有两个
小童即入里边，寻茶
盘，洗茶盏，擦茶匙，
办茶果。……茶罢，收
锤。……道士吩咐七个
蜘蛛精把毒药四分"，
"却拿了十二个红枣
儿，将枣掐破些儿，揌
上一厘，分在四个茶锤
内；又将两个黑枣儿做
一个茶锤，着一个托盘
安了"。

图 2 − 8：3 山西汾阳
圣母庙壁画

图2－8：4《韩信千金记》 明富春堂刊本

　　清陆廷灿《续茶经》卷中："臞仙云：茶瓯者，予尝以瓦为之，不用磁，以笋壳为盖，以檞叶攒覆于上如篛笠状，以蔽其尘，用竹架盛之，极清无比。茶匙以竹编成，细如笕篱样，与尘世所用者大不凡矣。"臞仙即朱元璋第十七子朱权。所谓"细如笕篱样"，自是茶匙的匙叶镂空做，那么这里也是饮用加料茶的器具[48]。茶盏用陶，盖用笋壳檞叶，茶匙用竹，原是为着以古朴求清雅，惟匙叶镂空做花细如笕篱样却并非臞仙的发明，宋元时代流行的银荷叶茶匙便可以说是它的早期样式。如出自湖南株洲攸县凉江乡元代金银器窖藏的一组九柄，其匙叶前窄后宽，中心镂空做出一朵荷花；匙柄中腰偏后亦即约当于手持的部位做出一段规整的竹节纹，通长15.2厘米，每柄重4.4克（图2－8：5）。

48 朱权也著有《茶谱》，约成书于宣德至正统年间，其中多言古法，或从蔡襄《茶录》来而稍稍变化，其《茶匙》条云："茶匙要击拂有力，古人以黄金为上，今人以银、铜为之，竹者轻，予尝以椰壳为之，最佳。"此茶匙自非彼茶匙。此外又有药方中常常提到的茶匙，其用略当于量器，自然也不是匙叶镂空做的一种。

又湖南涟源桥头河镇石洞村元代银器窖藏中的三柄轻薄尤
愈，——匙叶做成一枚錾刻出纤细脉理的荷叶，叶心一朵
镂空的荷花，重仅三克多[49]（图2－8：6）。与湖南所出相
似的银匙也见于福建邵武故县村南宋金银器窖藏[50]（图2－
8：7）。这一种样式本来是由功用发展出来的装饰用心。荷
叶茶匙虽银制，造型设计和制作的谐美却使得它精细秀巧
而又有出尘之清。其实饮茶法的雅和俗始终是并行的，并
且各有发展，也各有自己的精致，茶匙之细事，即可为一证。

49 湖南省博物馆《湖
南宋元窖藏金银器发现
与研究》，图四五七至
四六四；图五八四，文
物出版社二〇〇九年。

50 王振镛等《邵武故
县发现一批宋代银器》，
《福建文博》一九八二年
第一期；本书照片承邵
武市博物馆提供。

图2－8：5 银茶匙
株洲攸县凉江乡元代
金银器窖藏

图 2 — 8 : 6 银莲花纹荷叶茶匙 湖南涟源桥头河镇石洞村元代银器窖藏

图 2 — 8 : 7 银 茶 匙 福建邵武故县村南宋金银器窖藏

9 银鎏金喜鹊登梅图寿字托盘（图 2 — 9 : 1）
银满池娇托盘（图 2 — 9 : 2）

重庆长寿火神街窖藏[51]

与酒盏构成固定组合的承盘之外，明代经常使用的尚有托盘，时称托子。皇室"供用器·金器类"中有"楞边胡桃木托子"，便是包金边的木托盘。托盘盘心不做出浅台，用途更为多样。不过就材质来说，托盘实以漆器为主，《三才图会·器用》中的托子图便是明代漆盘常见的几种纹样和造型（图 2 — 9 : 3)，《世事通考·漆器类》列举的"漆

51 银鎏金喜鹊登梅纹寿字盘长 12.5 厘米，宽 12.2 厘米；银莲塘小景纹盘长径 12.2 厘米。《重庆中国三峡博物馆·重庆博物馆》（见注 20），页 214 ~ 215。

盘"，即此属。它在明代漆器中也多有实物可寻，如故宫藏
明中期的一件剔红喜鹊登梅图盘[52]（图2－9：4）。金托盘
的造型和纹饰与漆器也大体相同，不过比较而言，金银器
的数量要少得多。

52 夏更起《故宫博物院
藏文物珍品大系·元明
漆器》，图一〇七，上
海科学技术出版社等二
〇〇六年。

图2－9：1银鎏金喜
鹊登梅图寿字托盘 重
庆长寿火神街窖藏

图2－9：2银满池娇托
盘 重庆长寿火神街窖藏

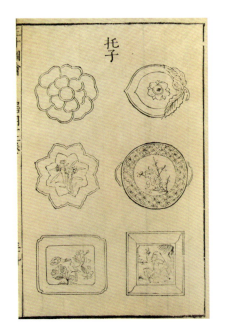

图 2 − 9 : 3《三才图会》中的托子图

图 2 − 9 : 4 剔红喜鹊
登梅图盘 故宫藏

　　重庆长寿火神街窖藏为兵部尚书陈新甲之物，窖藏中造型相同的银鎏金寿字盘共四件，此外尚有银桃杯、银鎏金灵芝双耳杯、银八骏图盏，银祥云飞鹤纹鼎等[53]，多是上寿的礼物。与此性质相似的还有出自湖南通道侗族自治县江口乡的一处南明金银器窖藏，前已举出其中的一件银爵杯。以金银器为寿礼是明代普遍的社会风气，对薄有资产者来说，它要比古玩、玉器更易备办。

　　莲塘鹭鸶是元代流行的装饰题材，也可以算作满池娇纹中的一种。银盘图案在装饰趣味中保持了传统纹样的构图活泼，虽不过二三莲叶，三五莲花，却偃仰开阖各具风姿，竟仿佛翠盖遮天，花红映日，满池风动。贴着水边一对慈姑叶是这一图式的标志性元素，中间一只跷脚鹭鸶头顶飞起蓑羽，——图版说明称此图案为"莲鹤纹"，所谓"鹤"，其实是白鹭，枕部披垂的两根长翎是其特征，陆玑《毛诗草木鸟兽虫鱼疏》曰白鹭"头上有毛十数枚，长尺余，毵毵然与众毛异"，是也，而那正是它恋爱与生殖时节的标识（图2-9：5）。空白处满布的鱼子纹一面如同池塘涟漪，一面也把图案衬托得鲜明。

53　《中国金银玻璃珐琅器全集·金银器》第三卷（见注26），图二六六至二七三。陈新甲崇祯十三年为兵部尚书，十五年以泄密和议事遭帝诛。《明史》卷二七五有传。

图2-9：5白鹭 采自《中国国家地理》二〇〇七年第九期

若以定陵为例，明代金银器皿还可以包括很多种类，如炉瓶三事中的香盒、香匙、香箸以及匙箸瓶，又日常生活用具中的抿子盒、肥皂盒、面盆，等等。不过此乃奢华之最，不必说民间，即便亲王贵戚也未必易办。

与金银首饰的发现情况相同，明代金银器皿的发现也以皇族贵戚为大宗，因此与考古发现中多出自民间制作的宋元金银器形成强烈反差。也因此我们无法仅从今天能够看到的实物出发，来评述明与宋元实际上的异同。在这一前提之下，试言其大略：宋元金银器皿造型与纹饰的设计构思多来自绘画小品，在绘画向着造型语汇的转换中，也颇为用心的以一锤一錾保存了不少笔情墨韵，以是而特有着清新活泼的意趣。明代于宋元多有继承，却以制作的规整使得造型趋于端重，装饰纹样则几乎全部演变为吉祥题材，不论花卉禽鸟还是人物故事。出自宫禁的作品更是以镶玉嵌宝妆点豪华，以此把金银器皿的制作推向一个高峰，——然而却不是艺术的海拔。

·附论·

晚唐金银酒器的名称与样式

　　唐代金银酒器，就造型、纹饰与风格而言，阶段性很明显，即前期多被异域之风，后期趋于中土化。分期研究，用考古学的方法做器物的分型分式、纹样的排列对比，分析器形与纹饰的演变规律，这是学界做过的工作，并且已经卓有成就，比如《唐代金银器》《唐代金银器研究》，又《隋唐五代工艺美术史》中的金银器之部[1]。这里的讨论则从定名入手，检阅、梳理晚唐金银酒器，力求使今天对古器的命名更加贴近当日的生活用语和生活场景，以期揭示此中所包含的若干文化信息。

一、唐代酒器的一般样式

　　酒器宽泛而言，是应该包括食具在内的，也就是一席宴会需用之器。那么它大致包含以下几类：（一）盛酒器；（二）饮酒器；（三）食器；（四）茶器。此外附带的一项，便是香具。

　　且以唐代文献为据，勾稽当日酒器的一般样式。

　　（一）敦煌文献《开蒙要训》（斯·七〇五）列举诸物名称，

1 陆九皋等《唐代金银器》，文物出版社一九八五年；齐东方《唐代金银器研究》，中国社会科学出版社一九九九年；尚刚《隋唐五代工艺美术史》，人民美术出版社二〇〇五年。

其中相连的一组器皿中多为筵席用器，即：罇、壶、椀、盏、㿼、盘、罍、曡、杓、箸、匙[2]。

（二）敦煌文献《付什物数目抄录》（斯·四五二五）：付白山银楪子壹双，银锄（筯）壹双，银盛子壹，大银椀壹枚，盘盏壹副。

（三）《安禄山事迹》卷上：天宝十载正月一日，是禄山生日，先日赐诸器物衣服，玄宗赐金花大银盆二，金花银双丝平二，金镀银盖碗二，金平脱酒海一并盖，金平脱杓一，小马脑盘二，金平脱大盏四，次盏四，金平脱大〔玛〕脑盘一。

（四）《太平广记》卷二三三"裴弘泰"条云，唐裴均镇襄州，某日举宴，其侄弘泰晚至，均因此不悦，"弘泰谢曰：'都不见客司报宴，非敢慢也，叔父舍罪。请在座银器尽斟酒满之，器随饮以赐弘泰，可乎？'合座壮之。均亦许焉。弘泰次第揭座上小爵，以至觥船，凡饮皆竭。随饮讫，即寘于怀，须臾盈满。筵中有酒海，受一斗以上，其内酒亦满，弘泰以手捧而饮，饮讫，目吏人，将海覆地，以足踏之，卷抱而出"。

第一项的盛酒器，为罇、壶、瓶。罇或作樽，是筵席盛酒之器的古称亦即雅称，不同时代而樽的形制各有不同。唐代筵席上的盛酒之器多为盆，口径一般在三十厘米以上，陕西扶风法门寺地宫出土银金花鸳鸯团花纹双环耳四曲盆，内蒙古鄂尔多斯地区出土银金花摩竭戏珠纹四曲盆，便都是酒樽之属，前者高 14.5 厘米，口径 46 厘米；后者高 9.5 厘米，口径 36 厘米[3]（图 3 － 1、2）。例（三）玄宗赐安禄山"金花大银盆二"，也应是这一类酒樽。"金平脱杓"，则是酒勺。樽中置勺，便可酌酒。陕西长安县南里王村唐

2 原件"罍"前有一"攀"字，则所谓"攀罍"，其意或如敦煌文书器物历中的"攀盘"，即器下有束腰式高足。

3 陕西省考古研究所等《法门寺考古发掘报告》，彩版八七，文物出版社二〇〇七年；杨伯达《中国金银玻璃珐琅器全集·金银器》第二卷，图九一，河北美术出版社二〇〇四年。

图 3 — 1 银金花鸳鸯团花纹双环耳四曲盆 法门寺出土

图 3 — 2 银金花摩竭戏珠纹四曲盆 鄂尔多斯地区出土

4《中国美术全集·绘画编·12·墓室壁画》，图一二五，文物出版社一九八九年。

5 如《册府元龟》卷一六八《帝王部·却贡献》：太和四年，"尚书左丞王起进亡兄播银壶瓶百枚"，"有诏只令受银瓶"云云。后之"银瓶"，即指前云"银壶瓶"。

墓墓室东壁的一幅宴饮图，绘食案前端矮床上设一具六出花口大盆，盆中置弯柄酒勺，正是樽与勺的使用情景[4]（图3—3）。

盛酒又兼酌酒，则有壶和瓶，而唐宋时代"壶""瓶"之称在很多情况下可以互换，又或者"壶瓶"合作一词[5]。例（三）所谓"金花银双丝平"，疑即瓶，《酉阳杂俎·前集》卷一记御赐禄山之物有"金花狮子瓶"；元稹有诗追忆

图 3 — 3 陕西长安县
南里王村唐墓壁画

翰苑旧事，句云"冰井分珍果，金瓶贮御醪"[6]，是均出自
禁中。唐前期酌酒之器常见胡瓶和长颈瓶，不过金银制品
很少。唐后期多为注子，时也名作"注瓶"，如敦煌文书中
与"磁茶瓶"并举的"铜注瓶"[7]。西安市西郊鱼化寨南二
府庄出土的"宣徽酒坊"咸通十三年银酒注，便是此类[8]（图
3 — 4）。"酒注"，是其自铭。

　　此外尚有一种常见于唐人吟咏的盛酒之器，名作榼，
它在白居易的诗里出现最多，如"春风小榼三升酒，寒食
深炉一椀茶"（《自题新昌居止因招杨郎中小饮》），"金章未
佩虽非贵，银榼常携亦不贫"（《自咏》），"贫无好物堪为信，
双榼虽轻意不轻"（《寄两银榼与裴侍郎因题两绝》之一），
又《家园三绝》中的"何如家醖双鱼榼"，等等。榼在此特

6《奉和浙西大夫李德
裕述梦四十韵，大夫本
题言赠于梦中诗赋以寄
一二僚友，故今所和者
亦止述翰苑旧游而已，
次本韵》。

7《辛未年（公元九一一
年）正月六日沙州净
土寺沙弥善胜领得历》
（伯·三六三八）。

8 申秦雁《陕西历史博
物馆珍藏金银器》，图
八〇，陕西人民美术出
版社二〇〇三年。

9 喀喇沁旗文化馆《辽宁昭盟喀喇沁旗发现唐代鎏金银器》,图版五:1,《考古》一九七七年第五期。

指盛酒的小口扁壶,它原是从汉代的椑演变而来,形制已与古式不同。辽宁昭盟喀喇沁旗发现的银鎏金双鱼椑,是唐代酒椑的样式之一[9](图3—5)。

图3—4 "宣徽酒坊"款银酒注 西安市西郊鱼化寨出土

图3—5 银鎏金双鱼椑 辽宁昭盟喀喇沁旗出土

　　第二项的饮酒之器，为碗、盏、卮，但三者之间的区别似乎不很严格。如果以作为通名的酒杯为基准，按照早期文献作一番硬性划分，那么可以说，盏是杯之小者[10]，卮则指一侧有环柄的酒杯[11]。作为酒器的碗，与盏相比尺寸要大一些。当然在实际生活中名称的使用会很灵活。至于酒碗与茶碗的区别，虽然看来并非十分显明，但细审其中的典型样式仍可见出二者的不同。以长沙窑为例，比较出土的"岳麓寺茶（茶）埦（碗）"与"美酒"碗、"国士饮"碗[12]、"官酒"碗[13]，可见茶碗为圆口、斜直壁，酒碗则四出花口、腹壁及近口沿处有弧曲[14]。又法门寺地宫出土的"瑠璃茶椀柘子一副"，"柘（托）子"所承之"茶椀"亦为斜直壁。"瑠璃茶椀柘子"，原是同出之《衣物账》中列举的名称。以此自铭用途的碗式作为参考反观唐代金银器，大致可以析出其中的酒碗之属。陕西耀县柳林背阴村出土的银金花鸿雁纹四曲碗，又"宣徽酒坊宇字号"款银金花鸿雁纹碗，便是晚唐金银酒碗的两种主要样式[15]（图3—6：1、2）。王定保《唐摭言》卷一五记唐文宗赐酒王源中，酒

10《方言》卷五：盏，"桮也"，郭璞注："最小桮也。"钱绎《方言笺疏》："《释乐》云'镫小者谓之栈'，李巡注'栈，浅也'"；"小桮谓之盏，犹小镫谓之栈"。

11 王振铎《论汉代饮食器中的卮和魁》，载所著《科技考古论丛》，页364～370，文物出版社一九八九年。

12 长沙窑课题组《长沙窑》，页155、图版二五七，紫禁城出版社一九九六年。

13 长沙窑编辑委员会《长沙窑·二》，图一八一，湖南美术出版社二〇〇四年。

14 也有自名"茶埦"、"茶盏子"的两例，其腹壁微弧（《长沙窑·一》，页58，图一七七、一七八，湖南美术出版社二〇〇四年），不过向着底心的收分与酒碗相比仍可见区别，两件均为圆口。

15 《陕西历史博物馆珍藏金银器》（见注8），图二三、二四。前者高7.1厘米、口径18.6厘米，后者高5.1厘米、口径14.7厘米。

图3—6：1银金花鸿雁纹四曲碗 陕西耀县柳林背阴村出土

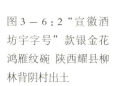

图 3－6：2 "宣徽酒坊宇字号" 款银金花鸿雁纹碗 陕西耀县柳林背阴村出土

椀置于两盘，"每盘贮十金椀，每椀容一升许，宣令并椀赐之。源中饮之无余，略无醉态"。金银酒碗容酒一升左右，大约是这时候的常量。而一种下无圈足的平底碗，唐人或名作"盂"。《汉书》卷六五《东方朔传》"置守宫盂下"，颜师古注："盂，食器也，若盉而大，今之所谓盆盂也。"这里的"今"，自然是唐。"盆盂"即钵盂，乃敛口平底之器。汉代自铭为"盂"者器下原有矮足，如安徽阜阳西汉汝阴侯墓出土自铭"女阴侯盂"的漆盂[16]，然而唐代对"盂"的认识却与两汉稍异，慧琳《一切经音义》卷一百"铜盂"条：《方言》：无足椀谓之盂。"又卷八九"盂盛酪"条：《方言》：盌谓之盂。椀之大而无足者是。"法门寺地宫出土自铭"金钵盂"者正是平底无足之器[17]。宋元与唐相承，所谓"钵盂"、"盂"、"马盂"，均为平底容器，那么把唐代金银器中的平底碗名作"盂"，应与当时人的称名大体一致。西安市南郊何家村窖藏中有两件银金花平底碗，其一高 3.3 厘米，口径 10.3 厘米，其一高三厘米，口径十厘米，均可作为唐代银盂之例[18]（图 3－7）。盂的用途并不固定，可饭，亦可酒[19]。

　　大于酒碗而为饮器中尺寸之巨者，则有例（三）中的

16 安徽省文物工作队《阜阳双古堆西汉汝阴侯墓发掘简报》，页 16，图七：1、2，《文物》一九七八年第八期。

17《法门寺考古发掘报告》（见注 3），图一三一，彩版一七三：2。

18《陕西历史博物馆珍藏金银器》（见注 8），图一一、图一二。

19 徐锴《说文解字系传·皿部》："盂，饮器也。"皇甫松《抛球乐》"上客终须醉，觥盂且乱排"（曾昭岷等《全唐五代词》，页 95，中华书局一九九九年）。

图 3 — 7 银金花盂　西安南郊何家村窖藏

酒海。例（四）所谓"受一斗以上"，更是酒海中的大器。"金平脱酒海一并盖"，西安南郊何家村出土银金花小簇花纹盖碗，又银金花折枝花纹盖碗，似可当之，前者高 11.7 厘米，口径 21 厘米，后者高 11.9 厘米，口径 21.8 厘米[20]（图 3 — 8）。

　　此外又有例（二）中举出的"盘盏一副"，此即造型与纹饰一致的一套酒盏与承盘。河南伊川鸦岭唐齐国太夫人墓出土双鱼纹金盏银盘，是"盘盏一副"之例，其墓葬年代为长庆四年[21]（图 4 — 8）。唐代又称此杯与盘为子母，或又名盘为台。张鷟《朝野佥载》卷一："龙朔年已来，百姓饮酒作令云：'子母相去离，连台拗倒。'子母者，盏与盘也；连台者，连盘拗倒盏也。"与后来宋元时代盘盏、台盏形制有显著之别不同，唐代作为"盘盏一副"的承盘中心没有凸起很高的台子，张鷟所处为初唐，这时候的所谓"台"，只是承托之意，因此"盘""台"可以通用。巴林右旗洪格尔苏木哈鲁辽墓出土银鎏金杯盘一副[22]（图 3 — 9），杯高 6.4 厘米，口径 7.2 厘米，造型为八方式，一侧有环柄，其上之压指板失，杯身八面分别錾刻戏弄图。承盘高

20《陕西历史博物馆珍藏金银器》（见注 8），图一九。

21 同出共两副。洛阳市第二文物工作队《伊川鸦岭唐齐国太夫人墓》，页 27，图四：1、2；封二：1、2，《文物》一九九五年第十一期。按墓主人齐国太夫人濮阳吴氏是唐成德军节度使王承宗之母，卒于长庆四年。

22 于建设《赤峰金银器》，页 112，远方出版社二〇〇四年。器藏巴林右旗博物馆，本书照片为参观所摄。

图 3 — 8 银金花折枝
花纹盖碗（酒海） 西
安南郊何家村窖藏

图 3 — 9 银鎏金杯盘
一副 巴林右旗洪格尔
苏木哈鲁辽墓出土

3.1 厘米，口径 16.8 厘米，五曲花口宽折沿，盘壁下凹颇深，盘心凸起莲花造型的承杯之台差与盘沿相齐，台面錾刻摩竭纹。墓葬时代为辽早期偏晚。显然，由"盘"分化出来而演变为"台"，这是过渡期的一例。不过从发现情况来看，瓷器中已经有了更早的例子，如临安明堂山唐天复元年水邱氏墓出土的金钿"新官"款白瓷酒台子。而这种样式的酒台子出现，台盏与盘盏方有了样式与名称的明确区分，虽然仍属同一类。

　　例（四）中的"觥船"，是饮酒之器名称特殊的一种。"觥船"，又名"觥盏"。所谓"觥船"，不过是在行酒令的时候把酒船命之为"觥"，以为罚盏。而"觥"原是从先秦时代的兕觥即所谓"罚爵"发展而来，但一个很大的不同，在于唐代以酒令的发达而把先秦的罚失礼易作罚违"令"，即一面沿用了觥原有的"罚爵"之义，一面用各种酒令把"罚之亦所以为乐"变作酒席筵中最有兴味的游戏。其时觥盏的形制并不固定，长杯、多曲长杯、船形杯亦即各式酒船，是最为常用的一种。西安市太乙路出土的金摩竭纹四曲长杯，高 3.5 厘米，长径 13.1 厘米、宽径 7.5 厘米，可以视作唐代后期金银酒船的样式之一 [23]（图 4 — 5）。此外尚有各种异形盏。按照上古以来的饮酒习俗，举杯须尽，因此作为罚盏，它或者要容量大，或者要不易饮尽，如此方可添助席间笑乐。当然这是在筵席酒器齐备的情况下。换句话说，在置备一整套筵席用具的时候，应为酒杯设计形制独特的一种以便饮酒行令用为罚盏。说见本书《罚觥与劝盏》。

　　第三项食器，为㮰和盛子，盘和碟，箸与匙。

　　例（二）之"盛子"[24]，盒也，时写作"合"。与酒器列在一处的盛子，通常是筵席上用作贮放果品的果合。方

23《陕西历史博物馆珍藏金银器》（见注 8），图三六。

24 盛子，或又写作"榼"或"晟子"。如敦煌文书《后周显德五年某寺法律尼戒性等交割常住什物点检历状》（斯·一七七六）："花榼子壹，无盖。"

25 昭陵博物馆：《昭陵唐墓壁画》，页93，文物出版社二〇〇六年。

26 盒高26厘米，腹径31厘米，丹徒县文教局等《江苏丹徒丁卯桥出土唐代银器窖藏》，图版三：1，《文物》一九八二年第十一期。

27 李正宇《晚唐至北宋敦煌僧尼普听饮酒——敦煌世俗佛教系列研究之二》，页68～79，《敦煌研究》二〇〇五年第三期。

28 成寻《参天台五台山记》，白化文等校点，花山文艺出版社二〇〇八年。

29《倭名类聚抄》卷六引蒋鲂《切韵》云："㯭，㯭子，有隔之器也。"狩谷望之《笺注》："按《广韵》云'㯭似盘中有隔也'，与此义同。又按：㯭，其器有隔，故谓之累，言其多也。后从木作㯭。"

30 余氏《笺疏》："《类聚》八十二引《杜兰香别传》曰'香降张硕，赍瓦榼酒七子㯭。㯭多菜而无他味，亦有世间常菜，并有非时菜'云云。七子㯭，盖㯭中有七隔，以盛肴馔，即今之食盒，一名攒盒者是也。《书钞》一百四十二引祖台之《志怪》云：'建康小吏曹著见庐山夫人，为设酒馔，下七子盒盘，盘内无俗间常肴粲。'所谓七子盒盘，亦即㯭也。"页352，中华书局一九八三年。

31 孙机《汉代物质文化资料图说》（增订本），页381，上海古籍出版社二〇〇八年。

者以漆盒为多，圆者或为金银器。昭陵新城公主墓墓室东壁南侧侍女图中，一人提胡瓶，另一人捧一具盛放果品的黑方盒，这里表现的应即黑漆盛子[25]（图3－10）。银食盒，江苏丹徒丁卯桥银器窖藏中的银金花双凤衔枝纹菱花盒可以为例[26]（图3－19：11）。盛子每与牙盘、碟子、酒樽组合为筵席用具，敦煌文书《某寺上座为设日临近转贴》（伯·二七六九）：今月廿五日僧家设，次着当寺沙弥愿林等，"设日临近，各着牙盘壹面，兼樽、㯭、楪子"，于廿五日卯时在城东园头齐集"，即其例。而晚唐至北宋不仅敦煌僧尼在各种社会活动中普遍饮酒[27]，据日僧成寻的记述，其他地区也多如是[28]。

　　㯭，或曰㯭子，即饭席中放置果菜的有隔之盘[29]，或有盖为盒，也称作盒盘，余嘉锡《世说新语笺疏》于《雅量》中的"举㯭掷其面"下考证甚详[30]。㯭子在魏晋南北朝时代最为流行。南昌永外正街晋吴应墓出土一件漆㯭，器底题作"吴氏核"。此所谓"核"，并非器名，而是"核"之假借，系指果品，正可见用途[31]。这一时期的出土实物以陶瓷器和漆木器为主，或方或圆，器心有隔，隔之多少不一，器口以子母口

图3－10 唐昭陵新城公主墓壁画

为常。有隔，一器可置果菜多味。子
母口，加盖可为盒盘，又多器可叠置
为一，槏因此也常以"沓"为计量单
位[32]。唐代依然沿用，敦煌文书器物
帐中即常见其名。如"花槏子"，"黑
槏子"；"小槏子"，"黑木槏子"[33]，等
等。槏或又俗写作氎，敦煌文书中多
见，如伯·三九七二列漆器名曰："盘
子七十枚，氎子七十枚，氎子八十枚，
椀五十枚，晟子五枚，团盘二枚。"这
里的"晟"也是食器之"盛"的俗写。
此一组漆器具自是筵席用器。又圆仁
《入唐求法巡礼行记》卷四提到诸寺为
唐武宗驾幸营办床席毡毯，"铺设碗、
氎、台、槃、椅子等"，也是一例。实
物中制作最精的一批则出自扶风法门
寺地宫，为五器一叠、两叠十枚银金
花槏子。其器单件通高 3.8 厘米，口径

32《太平御览》卷
七五九引《东宫旧事》
曰："漆三十五子方槏二
沓，盖二枚。"又《世
说新语·任诞》记襄阳
罗友事曰，"在益州语
儿云：'我有五百人食
器。'家中大惊，其由来
清，而忽有此物，定是
二百五十沓乌槏"。则乌
槏二百五十沓，即单件
五百枚，乃两两叠置也。

33《辛未年（公元
九一一年）正月六日沙
州净土寺沙弥善胜领得
历》（伯·三六三八）；
《后晋天福七年某寺交
割常住什物点检历》
（斯·一六四二）。

图 3 — 12 衣物账碑拓
片局部 陕西扶风法门
寺地宫出土

图 3 — 11 银金花槏子 陕西
扶风法门寺地宫出土

34 日《东大寺献物帐》："木画紫檀棊局一具。牙界花形眼，牙床脚，局两边着环，局内藏纳棊子龟形匣，纳金银龟甲匙。"将这一节文字与正仓院所藏木画紫檀棊局实物对照来读，则"牙床脚"者，棋局的壶门座也。

35《衣物账》中列在一起的这三项被释读为"叠子一十枚，波罗子一十枚，叠子一十枚"，韩伟《法门寺地宫唐代真身衣物帐考》，页27，《文物》一九九一年第五期。《法门寺考古发掘报告》，页227。又沈睿文录文，作"银金花供养器物共卅件、枚、只。对内罍子一十枚，波罗子一十枚，罍子一十枚"(《唐代金银器研究》〔见注1〕，页15)；胡海帆《法门寺地宫唐代〈志文碑〉与〈物帐碑〉》读作"罍子一十枚，口罗子一十枚，罍子一十枚"，页26，《书法丛刊》二〇〇四年第四期。

36 里夫什茨为薛爱华著《康国金桃》(中译本作《唐代的外来文明》)俄译本页459～460所加注释有相关考订，见蔡鸿生《唐代九姓胡与突厥文化》，页12，中华书局一九九八年。

37 Hsien-Ch'i Tseng & Robert Paul Dart., *The Charles B. Hoyt collection in the Museum of Fine Arts*, Boston, vol. I, 1964. 按此例承孙机先生教示；李旻道友提供图片。

10.3厘米，重250克。直口，浅腹，平底，器心分作四隔，上有子母口可以相叠，下为壶门式座，即所谓"牙床脚"[34]，六个开光之间錾卷草纹并鎏金(图3—11)。其形制与此前之樏子无别，不过材质与做工精好而已。法门寺地宫中的《应从重真寺随真身供养道具及恩赐金银器物宝函等并新恩赐到金银宝器衣物账碑》在"银金花供养器物共卅件、枚、只、对"下列举"罍子一十枚、波(？)罗子一十枚、罍子一十枚"(图3—12)，所谓"罍子一十枚"，便正是这十件银金花樏子。只是它此前一直被称作"波罗子"[35]，而细审拓片，"波"实为"破"字。它应即《隋书·西域传》"曹国"条中提到的"金破罗"，此器在诗词笔记中又或作"金叵罗"、"金颇罗"。而"破罗"一词乃是外来语的一个对音，因此与音对应的字并不固定。不过它源出伊朗语 Padrōd，本是指碗、杯一类的容器似无问题[36]，波士顿美术馆藏一件曾经荷伊收藏的唐代青瓷碗，碗外底铭作"㵽曪盆一合"，可为一证[37](图3—13)。那么法门寺《衣物账》中的"破罗子一十枚"，

图3—13a 青瓷碗
波士顿美术馆藏

图3—13b 青瓷碗铭文

应即出土实物中与前举"罍子一十枚"同作为银金花供养
器的十枚银金花五曲圈足碟（图 3 — 14）。

图 3 — 14 银金花五曲
圈足碟（破罗子）陕
西扶风法门寺地宫出土

　　碟与盘的分别，除前者小、后者大之外，尚有无足、有足，
矮足、高足的不同。碟通常无足，有足者因此便要特地表明，
如"金平脱着足罍子"，见《酉阳杂俎》所记御赐安禄山
物。法门寺地宫出土银金花五曲碟十枚，平底，高 1.3 厘米，
口径 11.3 厘米[38]（图 3 — 15）。此即前引《衣物账》所谓"银
金花供养器物"中的"罍子一十枚"。就用途而言，碟多用
作盛放干果，每置于宾客近前。盘多用作置放各式果品面
点，常常是席面陈设，即唐人所云"馉飣"。敦煌文书《俗
务要名林》（斯·六一七）之"聚会部"首先举出的两个名
称便是"铺设"与"馉飣"[39]；同名之又一本，其中也有列
在一起的"筵席，馉飣，盘馔"（伯·三六四四），均指此类。
殷尧藩《帝京二首》"迎春别赐瑶池宴，捧进金盘五色桃"；
王建《宫词百首》"一样金盘五十面，红酥点出牡丹花"[40]，

38《法门寺考古发掘报
告》，彩版五〇、五一。

39 "馉飣"，原作"馂飣"，
其下用反切注音云："丁
豆反"，可知即"馉"字。
馉飣亦作飣餶，慧琳《一
切经音义》卷五六"杂
飣"条云"江南呼飣食
为飣餶"，"餶音豆也。"

40 别本作"五千面"，
此从《万首唐人绝句》。

图 3 — 15 银金花五曲
碟 陕西扶风法门寺地
宫出土

41《唐代金银器》（见注1），图一一四。按三足盘也称作牙盘。关于牙盘的考证，见扬之水《敦煌文书什物历器物丛考》，《传统中国研究集刊》第三辑，上海人民出版社二〇〇七年。

42 河北宽城大野峪村出土的银金花鹿纹菱花三足盘，通高十厘米，盘径50厘米。与它式样相同而尺寸更大的一件为日本正仓院藏鹿纹菱花口三足金花银盘，通高13.2厘米，盘径61.5厘米。盘里侧铭文二，其一："宇字号二尺盘一面重一百五两四钱半。"其一："东大寺花盘重大六斤八两。"后铭为输入东瀛后的补刻，前铭系出自唐王朝；唐大尺平均值为30厘米。

43《江苏丹徒丁卯桥出土唐代银器窖藏》（见注26），图版五：3，图三三。

图3—16银金花狮纹六曲三足盘 西安唐大明宫东苑遗址出土

图3—17银金花鹿纹菱花三足盘 河北宽城大野峪村出土

也同此情景。

　　盘之特色鲜明者有两种样式，第一种，为西安市东郊八府庄唐大明宫东苑遗址出土的银金花狮纹六曲三足盘，盘高6.7厘米，口径40厘米[41]（图3—16）；大者尚有唐人所云"二尺盘"[42]（图3—17）。这一类多见于唐前期。第二种，为江苏丹徒丁卯桥银器窖藏中的银金花双凤戏珠纹菱花口长盘，盘高4.8厘米，长径21厘米[43]（图3—19：8）。此类多见于唐后期。两种果盘在唐代绘画及造型艺术中都表现得很明确，如陕西富平唐房陵公主墓前室东壁北侧的一幅侍女图，图中一位身着石榴裙的侍女手持多

足盘，浅浅的盘心里放着两色瓜果，从人与物的大致比例
来看，盘径当在五十厘米左右[44]（图 3 − 18：1）。圈足
盘的使用，前举长安县南里王村唐墓壁画宴饮图中可以看
到，——食案的中间一列陈设着果品诸物，置物之盘即此类，
虽画笔草草，而其意可见（图 3 − 3）。又西安市南郊唐墓
（M31）出土三彩女俑，手捧花口小盘，盘内置一枚果，也
是一例[45]（图 3 − 18：2）。

44 张鸿修《中国唐墓壁
画集》，图五三，岭南美
术出版社一九九五年。

45 东京国立博物馆等
《遣唐使と唐代の美术》，
图五六，朝日新闻社二
〇〇五年。

图 3 − 18：1 唐房陵公主
墓壁画（摹本）

图 3 − 18：2 三彩女俑
西安市南郊唐墓出土

作为食器的匙常常与箸同出，而与酒勺不同。酒勺勺叶为圆形，又或做成花口，匙叶则趋于长圆，如江苏丹徒丁卯桥窖藏中的银酒勺六柄、银匙十件（图3－19：4、14）。《朝野佥载》卷三云武则天试鼎师之异能，"令以银缸盛酱一斗，鼎师以匙抄之，须臾即竭"，可见匙的用法。

此外的茶器，自然也为筵席所须。不仅在诗词歌赋以及传世绘画、墓室壁画与雕刻中常见这样的场景，实物的出土也往往是茶、酒器共存。不过金银茶器除了银茶托之外，其他都不多见。

附带尚有香具一项，而它本来似与宴会无关，然而在喧腾的筵席中却常有名香喷吐轻烟。王建"香薰罗幕暖成烟，火照中庭烛满筵。整顿舞衣呈玉腕，动摇歌扇落金钿"（《田侍中宴席》）；施肩吾"兰缸如昼晓不眠，玉堂（一作炉）夜起沉香烟。青娥一行十二仙，欲笑不笑桃花然"（《夜宴曲》）；又白居易"炉烟凝麝气，酒色注鹅黄"（《江南喜逢萧九彻因话长安旧游戏赠五十韵》），等等，均可见席间的暖香一缕。在以金银为酒器的欢宴中，便总会有金银香具点缀豪华。江苏丹徒丁卯桥唐代银器窖藏中，与"力士银酒器"同出的有金花银炉一具，即是一例[46]。这种做法并且为两宋和金代所继承[47]。

二、晚唐金银酒器的标本：江苏丹徒丁卯桥窖藏

丹徒丁卯桥发现的唐代银器窖藏，出土器物共九百五十余件，其中银钗占得七百六十支，首饰之外，其他银器中有"力士"铭者均为筵席用具，亦即宽泛意义上的酒器，发现者因此将之命作"力士银酒器"[48]。也可以说，这是目前为

46 酒器之齐整与讲究者似皆如此，而不限于金银，如杭州临安水邱氏墓出土的瓷酒器十七件，同出即有与丁卯桥银熏炉式样相仿的瓷炉一具。

47 如晏殊《连理枝》"嘉宴凌晨启，金鸭飘香细"；姜夔《点绛唇·寿》"祝寿筵开，画堂深映花如绣。瑞烟喷兽，帘幕香风透"。实物之例，如四川彭州南宋金银器窖藏中的酒器与香炉（成都市文物考古研究所等《四川彭州宋代金银器窖藏》，彩版四七，科学出版社二〇〇三年）；如哈尔滨市阿城区出土一组金代金银器中的银注子（按从形制来看，此原当为注碗一副，不过失其温碗）和银鎏金熏炉（首都博物馆《千古探秘——考古与发现》，页300，中华书局二〇〇九年）。

48 丹徒文教局等《江苏丹徒丁卯桥出土唐代银器窖藏》，《文物》一九八二年第十一期。器藏镇江博物馆，本书照片部分承馆方提供，部分为参观所摄。

止我们所能见到的规模最大、也最为完备的一席唐代宴会用
具，其时代约当晚唐。按照前节的讨论，现在可以为这一套
"力士银酒器"中的主要器物进一步定名。

　　银酒瓮一件为贮酒之器。通高 55 厘米，口径 26 厘米，
盖与器以链环相衔，器外底铭曰"酒瓮壹口并盖镍子等共
重贰佰陆拾肆两柒钱"（图 3 — 19：1）。"镍子"在这里应
指衔盖之链。白居易《咏家酿十韵》"瓮揭开时香酷烈，瓶
封贮后味甘辛"；柳宗元《龙城录》"魏徵善治酒"条曰"魏
左相能治酒，有名曰醽渌、翠涛，常以大金罂内贮盛，十
年饮不败"。丁卯桥银酒瓮便相当于白诗所云封贮之瓶和《龙
城录》中魏徵的贮酒之罂。

　　银盆三件均为酒樽（图 3 — 19：2、3）。其中银素面樽二，
银鎏金摩羯纹五曲樽一。后者高 7.3 厘米，口径 34.5 厘米。
器心錾刻摩羯戏珠纹乃沿用唐代前期纹样，不过用作衬
景的却是一池莲花、莲叶和游鱼。器壁錾鸳鸯、鸿雁和

图 3 — 19：1 银酒瓮

图 3 — 19：2 银素面樽

图 3 — 19：3a 银鎏金
摩竭戏珠纹五曲樽

图 3 — 19：3b 银鎏金摩竭
纹戏珠纹樽内心纹饰

飞鸟，口沿錾缠枝海石榴间狻猊等瑞兽。银勺六件为酒勺（图3 — 19：4）。银执壶两件即注瓶（图 3 — 19：5）。银素面五曲碗八件为酒碗（图 3 — 19：6）。银金花鹦鹉衔枝纹五曲碗一件，高 11.5 厘米，口径 21.3 厘米，是为酒海（图 3 — 19：7）。银金花双凤戏珠纹菱花式长盘一，银素面四曲长盘一（图 3 — 19：8、9），为席面铺设饾饤之用。银莲花口碟六，果碟也（图 3 — 19：10）；银金花双凤衔枝纹菱花盒二、银盒残底二，果盒也（图 3 — 19：11、12、13）。食器之属者，银匙十，银箸十八（图 3 — 19：14、15）。银托子十件为茶具，以备宴间茶饮（图 3 — 19：16、17）。又银金花炉一件为筵席熏香之用（图 3 — 19：18）。同样有"力士"铭文而尺寸较小的银盒十九件用途不易确定，它可以容茶，也可以容药[49]（图 3 — 19：19、20）。何家村窖藏有银盒盛药之例；出自长沙窑的瓷盒有自铭用途曰"大茶合"者[50]。

为他处所不见的是酒令用具一组。——

银鎏金龟负"论语玉烛"筹筒亦即笼台一件（图 3 — 19：21）。依《醉乡日月》之说，通常是把作为行令用具的

49 其中银鎏金鹦鹉纹圆盒四，通高 8.5 厘米，腹径 11 厘米；银素面圆盒十五，通高 8.3 厘米。

50 盒高 3.5 厘米，直径 9.7 厘米，华菱石渚博物馆藏，《长沙窑·二》（见注 13），图一八八。

图 3 — 19：4 银酒勺

图 3 — 19：5 银注瓶

图 3 — 19：6 银素面五曲碗

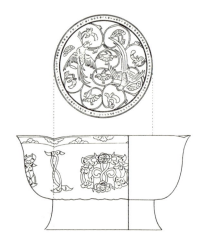

图 3 — 19：7a 银酒海

图 3 — 19：7b 银酒海纹饰

图 3 — 19：8 银金花双凤戏珠纹菱花口长盘

图 3 — 19：9 银素面四曲长盘

图 3 — 19：10 银莲花口碟

图 3 — 19：11 银金花双凤衔枝纹菱花盒

图 3 — 19 : 12 银龙纹盒残底

图 3 — 19 : 13 银鹦鹉纹盒残底

图 3 — 19 : 14 银匙

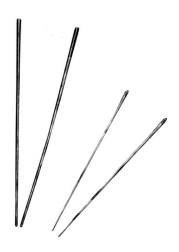

图 3 — 19 : 15 银箸

图 3 — 19：16 银茶托 　　　　　　　　　　　　图 3 — 19：17 银茶托

图 3 — 19：18 银金花炉（残）

图 3 — 19：19 银金花鹦鹉纹圆盒 　　　　　　图 3 — 19：20 银素面圆盒

图 3 — 19：21 银鎏金
龟负论语玉烛笼台

51《浙西李大夫示述梦
四十韵并浙东元相公酬
和斐然继声》。

筹、旗、纛置于一器，器以银制，名作"笼台"，"凡笼台，
以白金为之，其中实以二十筹，二十旗，二十纛"（一本作"其
中实以筹一十枚，旗一，纛一"）。"论语玉烛"自然也是笼
台之属，而设计与制作为精巧之最。

又银鎏金酒令筹五十枚；银鎏金令旗一件（图 3 —
19：22、23）。此令旗即行令用具中的纛，刘禹锡诗"罚筹
长竖纛"[51]，所云即是。纛在军中是为"将军之旌"的牙旗，
此在敦煌莫高窟第一五六窟河西节度使张议潮统军出行图
中画得很清楚，旗杆顶端挺出矛刺，其下覆旍，横飘之长
带为旒，旗之正幅周边饰牙，中间圆心内大书"信"字（图
3 — 20）。将银酒筹中的纛与此相对看，可见二者形制几乎
完全一致，惟银纛之旒残断一截。

又银鎏金酒旗八支。一支如纛顶端有矛，此外七支做
成竹节形，其中一支上端接焊竹叶（图 3 — 19：24）。八

图 3 — 19：22 银鎏金
酒令筹

图 3 — 20 蘸 张议潮
统军出行图局部

图 3 — 19：23 银纛   图 3 — 19：24 银鎏金酒旗

支也都是令旗。令旗亦名枪筹。元稹《酬窦校书二十韵》"尘土抛书卷，枪筹弄酒权"，敦煌文书托名"江州刺史刘长卿"的《高兴歌》"千车鹿脯坐资财，百只枪筹是家产。无劳四家犯章呈，不明不快酒满盛"，皆言此物。如此一组，乃唐代酒令之一的"令筹"用具，即以筹宣令，以筹司饮。

又银素面盏一件，通高 14.8 厘米，口径 14.5 厘米，重

357 克。盏身中腰打作凸棱一周，凸棱以上做成五曲式，以下为圆，圜底作收，下接高圈足。圈足内同样刻"力士"二字（图 3 — 19：25）。这一件银盏的形制最为独特，迄今为止仍属孤例。依照前面的讨论以及对"力士银酒器"的用途分析，可以认为，它便是这一席酒器中与酒筹配合使用的"觥盏"。杜甫《乐游园歌》有"百罚深杯亦不辞"之句[52]，深，可以是曲折，如鹦鹉杯；也可以是高，即如此盏。

图 3 — 19：25 银素面盏
（觥盏）

丁卯桥窖藏中的酒器涵盖了晚唐金银酒器的主要类型，而无论造型与纹饰都已洗尽胡风。呈现在我们面前的虽然只是一批器物，但由器物的名称和样式却得以见出逝去了的无数盛宴，它也是无数次出现在诗人笔下的情景，如白居易"就花枝，移酒海，今朝不醉明朝悔。且算欢娱逐日来，任他容鬓随年改。醉翻衫袖抛小令，笑掷骰盘呼大采"（《就花枝》）；"客迎携酒榼，僧待置茶瓯。小宴闲谈笑，初筵雅献酬。稍催朱蜡炬，徐动碧牙筹。圆盏飞莲子，长裾曳石榴"（《想东游五十韵》）；又"密坐随欢促，华樽逐胜移。

香飘歌袂动，翠落舞钗遗。筹插红螺椀，觥飞白玉卮"（《代书诗一百韵寄微之》），等等。就花枝移酒海，抛盏，飞觥，掷骰呼采插筹，酒宴行令的种种细节，都是唐代饮酒风俗中最见特色的内容，由丁卯桥窖藏中的一组酒令用具，特别是与酒筹配合使用的"觥盏"，可以把这一切展现得更加分明。此后的五代金银器制作似乎再不见突出变化，直到宋，才以造型、纹饰、工艺及风格与气韵的全面推演而开出一个新局面。

罚觥与劝盏

不论古今，酒宴通常总是分作两个时段，第一时段为尽礼，第二时段为尽欢，——这里姑且把前者称作"礼饮"；后者称作"乐饮"。在以礼制贯穿社会生活的先秦时代，礼饮阶段的各种仪节规定得很是繁琐，且失礼则有罚，不过是用了很温和的方式，即以大器饮失礼者酒，此罚酒之器，即名作"觥"。

觥之本字为觵。《说文·角部》："觵，兕牛角可以饮者也。从角，黄声。"与爵、觯等相比，兕牛角制作的觥是先秦酒杯之大者，一爵容一升，角则四升[1]。先秦之礼，某种情况下是以小为尊。《礼记·礼器》中说到，"有以小为贵者：宗庙之祭，贵者献以爵"，"卑者举角"；郑注："凡觞，一升曰爵，……四升曰角。"又《礼记·少仪》讲述卑者陪侍尊者投壶的礼节，其中一项是"不角"，并云"客亦如之"。郑注："角，谓觥，罚爵也。于尊长与客，如献酬之爵。"孔颖达疏："'不角'者，罚爵用角，诗云'酌彼兕觥'是

1 又有觵五升、觵七升之说，桂馥《说文解字义证》"觵"条下俱有征引。

也。饮尊者及客，则不敢用角，但用如常献酬之爵也。"这里的意思是说，罚酒本当用兕觥亦即角，但如果是卑者投壶取胜，向尊长者进罚酒，或是主人取胜，向客人进罚酒，则不敢用角，而是用爵，因为在酒器中，爵属尊而角属卑。角杯即以其容酒多并且通常为卑者所持而或用作罚酒之器。《诗·周南·卷耳》郑笺："觥，罚爵也。……旅酬必有醉而失礼者，罚之亦所以为乐。"

所谓"旅酬"，酬亦作醻。燕饮，主人进宾客之酒，谓之献；宾客还敬主人之酒，谓之酢；主人先自饮，然后劝宾客饮之酒，谓之酬。《仪礼·乡饮酒礼》郑注："酬，劝酒也。"献、酢、酬，是为"一献"。一献之后，有旅酬，即宾客之间的劝酒，乃以长幼为序，依次相酬。《小雅·小弁》"君子信谗，如或酬之"，郑笺："酬，旅酬也。如'酬之'者，谓受而行之。""受而行之"，即旅酬中的仪节。《仪礼·乡饮酒礼》说旅酬，郑注"旅，序也，于是介酬众宾，众宾又以次序相酬"，即众宾以年齿排列，长者在前；立司正，由司正唱受酬者之名；宾之第一人受介酬，——"介"，即助宾客行礼者；此第一人受酬后，饮酒毕，即转换身分为酬者，由第二人受酬；第二人受酬后，转为酬者，由第三人受酬，如是递相酬饮，好像"接力"一般[2]。

旅酬影响于后世者有二。一为举杯饮酒须尽，即今之所谓"干杯"。行旅酬之礼的时候，乃必须如此，否则受酬者饮毕而转换身分成为酬者，若余沥在杯，便无法传与下一人亦即受酬者。后世虽然相酬不用同一器，但上古礼节中所包含的敬意却依然长久保存下来[3]。二为依次尽杯，即一人饮毕，再及一人，席间不论坐客如何，均须依次而饮，此即唐人所谓"巡饮"、"依巡"[4]。周遍一次，是为一巡。

2 钱玄：《三礼通论》，页 547，南京师范大学出版社一九九六年。

3 如《游仙窟》中的一个情节："酒巡到下官，饮乃不尽。五嫂曰：'胡为不尽？'下官答曰：'性饮不多，恐为颠沛。'五嫂骂曰：'何由巨耐！女婿是妇家狗，打杀无文，终须倾使尽，莫漫造众诸！'"

4 白居易《花楼望雪命宴赋诗》"素壁联题分韵句，红炉巡饮暖寒杯"；王建《送李评事使蜀》"劝酒不依巡，明朝万里人"。按酒注出现之前，宴席上的盛酒之器为酒樽，樽里置勺，用来向杯中酌酒。而席坐时代，举宴则人各一案席坐堂中，因此酌酒须有专人执勺依次而斟，此即所谓"行酒"。作为风雅韵事的"曲水流觞"实在也还是由"行酒"而催生，——它打破依次为巡的常规，别以酒杯止处为饮酒之序，曹丕《与吴质书》云，"每至觞酌流行，丝竹并奏，酒酣耳热，仰而赋诗"，即以流指觞而行指酌也（周一良《魏晋南北朝史札记·行香与行酒》，页 465～466，中华书局一九八五年）。

5 山西博物院《山西博物院珍粹》，页8～9，山西人民出版社二〇〇五年。本书照片为参观所摄。

6 孙机《古文物中所见之犀牛》，页283，《文物丛谈》，文物出版社一九九一年。

作为饮酒器而又常用作"罚爵"之觥，依古注，它是用犀角制成，若易他材，其状也应如角。存世的先秦青铜器中，山西石楼桃花者村出土的一件商代器可确指为兕觥[5]（图4－1），器高19厘米，通长44厘米，长身弧曲上扬，其造型与长沙马王堆汉墓出土的木犀角差相一致[6]（图4－2），体量之巨则迥异于其他酒器。可知先秦之觥实类此形。

图4－1兕觥 山西石楼县桃花者村出土

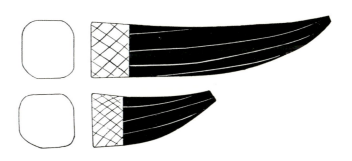

图4－2木犀角 长沙马王堆西汉墓出土

　　两汉犹存先秦遗风，由《后汉书》卷二九《郅恽传》所记十月飨会故事可见东汉风俗。所谓"司正举觯"，唐李贤注："觯，罚爵也，以角为之。"下文说到太守云"敬奉觯"，贤注："遂受罚也。"唐代以觯为罚盏，可以说是接续先秦两汉以来的传统，但一个很大的不同，在于以当日酒令的发达而把"礼饮"的罚失礼易作"乐饮"的罚违令，即一面沿用了觯原有的"罚爵"之义，一面用各种酒令把"罚之亦所以为乐"变作酒席筵中最有兴味的游戏[7]。

　　唐代"觯"的式样依然多从"角"的意象而来，却并不拘泥于时人认识中的先秦礼器，而是多方借鉴，不拘一格创造新样，比如式样别致的酒船[8]。

　　酒船的名称已出现于南北朝，它的近缘似即耳杯，或曰羽觞，而在曲水流觞中，耳杯即已蕴含了船的意象。唐代酒船则又常和觯盏结合。《太平广记》卷二三三"裴弘泰"条云，唐裴均镇襄州，某日举宴，其侄弘泰晚至，均因此不悦，"弘泰谢曰：'都不见客司报宴，非敢慢也，叔父舍罪。请在座银器尽斟酒满之，器随饮以赐弘泰，可乎？'合座壮之。均亦许焉。弘泰次第揭座上小爵，以至觯船，凡饮皆竭。随饮讫，即寘于怀，须臾盈满。筵中有酒海，受一斗以上，其内酒亦满，弘泰以手捧而饮，饮讫，目吏人，将海覆地，以足踏之，卷抱而出"。

　　"座上小爵"，即筵席上容量较小的酒杯。受一斗以上的酒海，通常是盛酒之器。所谓"觯船"，自然是指罚杯。刘禹锡有诗题作《浙西李大夫示述梦四十韵并浙东元相公酬和斐然继声》，句云"罚筹长竖纛，觯盏样如舠"，正好为此"觯船"作注。舠，船也。浙西李大夫，即李德裕。原唱句云"无聊然蜜炬，谁复劝金舠"，李氏自注："余自

7　行令饮酒的有趣，与曲水流觞相似，即它也是打破原有的"依巡"饮酒的常规，而别以酒令为饮酒之序。花蕊夫人《宫词》："昭仪侍宴足精神，玉烛抽看记饮巡。倚赖识书为录事，灯前时复错瞒人。"所谓"玉烛"，江苏丹徒丁卯桥金银器窖藏所出"论语玉烛"，即此之属。它用了"误读"的办法把《论语》编排为饮酒的秩序亦即律令，饮与不饮、劝与被劝、饮多饮少，均依律令所规定的"饮、劝、处、放"四种情况而行事，于是平常的依次而饮变成了不平常的依令而饮，即全凭着"玉烛抽看"而"饮巡"。也因此侍宴昭仪之际，可以依凭自己的聪慧乖巧而以律录事的身分"错"宣筹令，——使昭仪躲过"大器"饮酒之厄，该是"时复错瞒"的一番良苦用心。

8　唐人《大业拾遗记》中有关于行酒船故事，船为八尺长的小舸子，上有两尺来高的木人，一个擎酒杯立在船头，旁边另有一个捧酒钵，又有两个中央荡桨，一个撑船在后。行酒船随岸而行，池边回曲处各坐宾客，船每到坐客的地方便停住，擎酒木人于船头伸手，"客取酒饮讫，还杯，木人受杯，回身向酒钵之人取杓斟酒满杯，船依式自行，每到坐客处，例皆

如前法"(《太平广记》卷二二六)。此虽是用了特别的机巧,不过行酒之习如故。而唐人每把劝酒之器称作酒船,与曲水流觞及行酒船故事自然都很有关系。

9 行酒令时"觥"的临时命名,还可以举《太平广记》卷二八二的《张生》故事。此记汴州张生与妻阔别而还,趱行至夜,不期走进妻子的梦境,但见"宾客五六人,方宴饮次",而妻子也在坐中。一长须者持盃劝饮。——酒至白面年少,酒至紫衣者,酒至黑衣胡人,酒至绿衣少年,酒至紫衣胡人,以是依次而饮。酒至某人,长须者即请张妻歌以送酒,酒至张妻,则长须者以歌为之送酒。张妻勉强歌送一回,即不乐从请,于是"长须持一筹觞云:请置觥。有拒请歌者,饮一锺;歌旧词中笑语,准此罚"。酒令既下,张妻不得已,只好歌送至再、至三。"酒至紫衣胡人,复请歌,张妻连唱三四曲,声气不续,沉吟未唱间,长须抛觥云:'不合推辞,乃酌一锺。'张妻涕泣而饮。""酒至紫衣胡人,复请歌云:'须有艳意'。张妻低头未唱间,长须又抛一觥",云云。"须有艳意",即要带出风月的意思来,故张妻颇费沉吟。"涕泣而饮",是屡歌已难,又何堪大杯罚酒。故事中

到此,绝无夜宴;酒器中大者呼为觥,宾僚顾形迹,未曾以此相劝。""顾形迹"者,恐酒醉失态也,因舍酒船不用。那么以酒船为劝,自是不顾形迹,旨在一醉方休。由此可知,酒船特色有二,即相对而言容量为大,又其式如船。所谓"觥船",不过是在行酒令的时候把酒船命之为"觥",以为罚盏[9]。

其式象船,可以有不同的表现方法。第一种,南北朝直至隋唐,造型原是来自西域的多曲长杯正是合用的样式。如大同市考古研究所藏一件北魏银耳杯[10](图4-3),如敖汉旗李家营子出土的唐代银长杯[11](图4-4)。大约最

图4-3 银耳杯 大同市考古研究所藏

图4-4 银长杯 敖汉旗李家营子出土

初它进入中土上层社会生活的时候，即因其式如船而"中体西用"成为筵席上专用来行令而饮的酒船，曾几何时，则连"用"器也完全中土化，中晚唐金银器中属于此类的实物数量不少，比如西安市太乙路出土的金四曲花口摩竭戏珠纹酒船（图4－5），陕西耀县背阴村出土的四曲花口荷叶双鱼纹金花银酒船[12]（图4－6），又三门峡市第二面粉厂出土的四曲花口鸿雁游鱼纹荷叶式金花银酒船[13]（图

的"觥"，即专用作罚酒的酒杯，长须者取出筹筭曰"请置觥"，则他俨然兼立法与执法的律、觥二录事于一身，也因此所置之觥便有了"法律"的效用，在此临时情况下，它也很可能是取用坐中的饮器之一而以"觥"命之。

10 此为参观所见并摄影。

11 于建设《赤峰金银器》，页33，远方出版社二〇〇六年。

12 申秦雁《陕西历史博物馆珍藏金银器》，图三六、图五一，陕西人民美术出版社二〇〇三年。

13 器藏河南省博物院，此为观展所见并摄影。

图4－5金四曲花口摩竭戏珠纹酒船 西安市太乙路出土

图4－6四曲花口荷叶双鱼纹金花银酒船 陕西耀县背阴村出土

图4－7四曲花口鸿雁游鱼纹荷叶式金花银酒船 三门峡市第二面粉厂出土

14 洛阳市第二文物工作队《伊川鸦岭唐齐国太夫人墓》,页27,图四:1、2;封二:1、2,《文物》一九九五年第十一期。

4－7)。背阴村酒船高5.2厘米,长15.5厘米,内底心饰一枚鎏金荷叶,被风吹卷的叶边向着叶心四合,中间是并头并尾露着银质本色的双鱼。三门峡酒船形肖一枚风翻荷叶,荷叶翻折处飞着鎏金衔枝鸿雁,内底心一对水中游鱼,高3.5厘米,长14.7厘米。中土化的成熟样式,河南伊川鸦岭唐齐国太夫人墓出土双鱼纹金盏银盘亦即"盘盏一副",也可以为例[14](图4－8)。盏为椭圆形四出花口,近缘錾一周莲瓣纹,盏心复以内向的莲瓣纹框起一泓水波,波浪间打作一对戏珠游鱼。底有矮圈足,高0.75厘米,盏高3.3厘米,长径13.8厘米,短径八厘米。盘取象于风中荷叶,盘缘打作为规整而又柔和自然的弯弧以表现风起处叶边的微敛,宽折沿上细錾叶脉,波曲间打作四对并游的双鱼。盘心用凸弦纹框起略呈浅凹的椭圆形托座,其上錾刻毬路纹。托座之外的装饰带做成鱼子地,錾刻相间的四对鸿雁和四朵流云。双鱼,云、雁以及装饰框均鎏金,即唐代所谓"金花银器"。盘高1.9厘米,长径20.1厘米,短径14.6厘米。

图 4 — 8a 盘盏一副 河
南伊川鸦岭唐齐国太
夫人墓出土

图 4 — 8b 金盏

图 4 — 8c 金花银盘

15 五代物，见于井里
汶沉船；辽物，见于哲
里木盟库伦旗辽墓出土
的一件"白釉鱼龙形水
盂"（《中国文物精华
大辞典·陶瓷卷》，图
四九二，上海辞书出版
社等一九九六年）。有关
讨论见小文《对沉船中
几类器物的初步考订》，
《故宫博物院院刊》二
〇〇七年第六期。

16 孙机《中国圣火·玛
瑙兽首杯》，页187，辽宁
教育出版社一九九六年。

第二种，杯为船形而式样仿生，如摩竭式酒船。目前
发现的瓷器之例是五代及辽物[15]（图4－9、10）。不过此
前尚有一番演变过程，于是又不能不说是西域之器为开放
的唐人送来娱戏之便，——来通式角杯与中土原有的兕觥
诚可谓天然凑泊，于是先有"拿来"，后有"化之"。来通
原有的饮酒方式，是饮者自角端仰承下注之酒，著名的何
家村玛瑙兽首杯便是这样一种异域风格[16]，而唐代陶瓷制

图4－9摩竭式酒船
出自井里汶沉船

图4－10白釉摩竭式
酒船 内蒙古库伦旗辽
墓出土

品中常见的兽首或禽鸟式角杯却已经改变了饮用方式，虽然整个造型依然与来通式酒杯意匠相通[17]（图4—11）。摩竭式酒船便是由这一类造型演变而来。所肖之摩竭，其式样实与唐代金银器中的摩竭纹十分相近，辽宁昭盟喀喇沁旗发现的唐摩竭纹金花银盘正可作为比照[18]（图4—12）。因此可以认为，摩竭式酒船的造型设计是来通之形与摩竭之纹的结合而与船的意象融合为一。

[17] 如郑州唐墓出土的三彩龙衔瑞草杯（器藏河南博物院，此为观展所见并摄影）。

[18] 喀喇沁旗文化馆《辽宁昭盟喀喇沁旗发现唐代鎏金银器》，页329，图四，《考古》一九七七年第五期。同出有"刘赞进"卧鹿纹金花银盘，刘卒于唐德宗贞元十二年。器藏赤峰博物馆，本书照片为参观所摄。

图4—11 三彩龙衔瑞草杯
郑州后村王庄唐墓出土

图4—12 摩竭纹金花银盘盘心
辽宁昭盟喀喇沁旗出土

19《中国金银玻璃珐琅器全集·金银器》第二卷（见注13），图六六。

20 杯高 6.2 厘米，长径 11.6 厘米，短径 7.8 厘米，下为喇叭式圈足。徐良玉《扬州馆藏文物精华》，图八一，江苏古籍出版社二〇〇一年。

此外尚有酒船中形式最为简略的一种，如陕西铜川陈炉镇林场出土的银酒船。器高 5.2 厘米，长径 11 厘米，短径 5.9 厘米，通体光素无纹[19]（图 4 — 13 ）。瓷器中多有其例，如扬州市区院大街唐代排水沟出土的一件青釉船形杯[20]（图 4 — 14 ）。

图 4 — 13 银酒船 陕西铜川陈炉镇林场出土

图 4 — 14 青釉酒船 扬州市区院大街唐代排水沟出土

总之，酒船是席间劝酒之器中最常用到的通行样式，它在南北朝时代已经出现，唐代则发展成熟。以其形制异于平常酒杯，故行酒令的时候往往把酒船命之为"舩"，以为罚盏。裴弘泰故事中的"舩船"，刘禹锡诗所谓"舩盏样如舮"，都是很明确的例子[21]。

金银器之外，还有一类酒杯每与宴席所行骰盘令有关，此即螺杯。白居易《代书诗一百韵寄微之》"密坐随欢促，华樽逐胜移。香飘歌袂动，翠落舞钗遗。筹插红螺碗，舩飞白玉卮"；元稹《何满子歌·张湖南座为唐有熊作》"如何有熊一曲终，牙筹记令红螺盏"[22]，等等，俱咏其事。《酉阳杂俎》卷一二又言及鹦鹉杯为罚杯，即所谓"海蠡蜿蜒，尾翅皆张。非独为玩好，亦所以为罚"。唐代螺杯实物，有发现于河南偃师杏园唐穆悰墓中的一件，长 13.3 厘米，系螺壳一枚从中锯开，然后把周身打磨光洁。出土时，内有五颗石骰子[23]（图 4 — 15），与唐诗所咏正相契合，可据以想见它的用途。

图 4 — 15 螺杯与骰子 河南偃师杏园唐墓出土

21 刘禹锡又有《抛毬乐》二首，其一："五彩绣团圆，登君瑇瑁筵。最宜红烛下，偏称落花前。上客如先起，应须赠一船。"瞿蜕园《刘禹锡集笺证》："唐人所谓《抛毬乐》，盖燕饮时以之侑酒之游戏。""此诗所谓'五彩绣团圆'，疑即后世之绣毬也。绣毬殆即以代花枝，故云'偏称落花前'，又云'却忆未开时'，'上客如先起，应须赠一船'，则谓罚逃酒之客也。"见该书页 866，上海古籍出版社一九八九年。

22 张湖南即张正甫（《旧唐书》卷一六二有传），元和八年由苏州刺史迁湖南观察使。此诗作于元和九年，时稹在江陵士曹任上。

23 墓葬年代为宣宗大中元年。中国社会科学院考古研究所《偃师杏园唐墓》，图版四二：5，科学出版社二〇〇一年。

那么现在可以得出结论之一，即"觥盏"是唐代酒器中名称特殊的一种，它由先秦时代的兕觥亦即所谓"罚爵"发展而来，不过形制并不固定，长杯、多曲长杯、船形杯亦即各式酒船或是最为常用的一种。此外尚有各种异形盏，比如螺杯。按照上古以来的饮酒习俗，举杯须尽，因此作为罚盏，它或者要容量大，或者要不易饮尽，如此方可添助席间笑乐。

宋元酒器的一般样式，与唐代相比，没有太大的不同。但"觥"的名与实却有了变化。由《碎金》所列酒器之目，可知"觥"仍是宋元酒器的名称之一，然而它在具体使用的时候，含义已与唐代相异，只不过旧义犹存书面语中而已。宋郑獬作《觥记注》，下列各目均为历代酒杯，则以"觥"为名，只是把它作为酒杯的雅称。《大宋宣和遗事·元集》：宣和二年，宴蔡京父子于保和新殿，蔡京记其事云，"上持大觥酌酒，命妃曰：'可劝太师。'臣因进曰：'礼无不报。'于是持瓶注酒，授使以进"。所谓"大觥"，在这里只是大杯的意思。泰定本《事林广记》庚集卷九《绮语门》所列有"大杯"一项，下注绮语曰："巨觥，大白。"所谓"绮语"，也可以说是雅称，乃用作书面语，此注即为"觥"之旧义。"大白"，古为罚爵之名。苏轼《西江月·坐客见和复次韵》"翠袖争浮大白"，宋《傅干注坡词》即举汉故事以释义[24]。而在实际生活中，觥却很少再以罚杯之名出现于酒宴中，以晏殊《珠玉词》中的相关之句为例，可知北宋初年已是如此[25]。

这时候最为引人注目的一类酒具，是列在南宋人编纂的一部日用小百科《碎金》中的"劝盂、劝盏"。也正是在

24 注云："《汉书》：引满举白者，罚爵之名也。饮不尽者，即以此爵罚之。魏文侯尝与大夫饮酒，令曰：不釂者浮以大白。于是公乘不仁举大白以浮君也。"釂，饮酒尽也。

25 如《浣溪沙》"整鬟凝思捧觥筹，欲归临别强迟留"；又同调"芰荷香里劝金觥，小词流入管弦声"。又"清歌妙舞，急管繁弦，榴花满酌觥船"（《长生乐》）；"有酒且醉瑶觥，更何妨、檀板新声"（《相思儿令》）；"金鸭香炉起瑞烟，呈妙舞开筵。阳春一曲动朱弦，斟美酒、泛觥船"（《燕归梁》）。又《喜迁莺》"觥船一棹百分空，何处不相逢"。此"觥船一棹百分空"是用着杜牧《题禅院》诗中成句（"觥船一棹百分空，十岁青春不负公"），而杜诗原指罚杯，大晏词则只是代指酒杯。又成书约当北宋初年的《清异录》多辑前朝旧事，其用语正好可见观念逐渐演变之微细。如"觥筹狱"条：荆南节判单天粹，"性耽酒，日延亲朋，强以巨盅，多致狼狈，然人以其德善，亦喜从之。时戏语曰：单家酒筵，乃觥筹狱也。"是巨杯犹罚杯之"觥"，而"觥"系于酒戏之"律"，故以"狱"称之。又"水香劝盏"条记述扈戴惧

宋代，劝杯之名开始流行，且自此延续至明清，而在流行中又不断演变。泰定本《事林广记》庚集卷九《绮语门》列有"劝盂"一条，下注它的别名即文雅之"绮语"曰："外盂，礼盂。"所谓"外盂"，似指它是独立于席间一套式样一致的酒杯之外。"礼盂"之称则可以表明劝盂性质。"劝"，大致含义有三：其一，酒席筵上的"礼饮"阶段，为敬酒。其一，"礼饮"之后的"乐饮"，为罚酒。其一，如果"礼饮"与"乐饮"之间尚有"雅饮"，则为侑酒。这时候的劝杯多半是珍好之物，因以传玩的方式而尽侑酒亦即劝酒之意。

劝杯在明清之前并无固定的形制，乃因时因地而异，——它原是可以即时命名的。至于劝杯与席间一套常制酒杯的不同，则在于或容量殊大，或形制特异，或材质珍奇。换句话说，凡此有特色者，均适合作劝杯之用。进而言之，作为席间完整的一套酒具，饮酒之器中除坐客人各一具的酒杯之外，尚须有专作劝酒且兼玩赏的一件劝杯。而劝杯的这一特点，正体现了它与唐代觥盏相沿与演变的关系。

可以列举不同时代的三个例子以明确劝杯使用时候的情形：

（一）《夷坚支志·景》卷第九"姚宋佐"一则云，乾道八年姚氏登第，"尝赴经略司干官宴席，坐客受劝觞，适当酌主人，姚见酒黑色，而侍妾所执樽又非适所用者，疑为紫苏水，作色而起曰：'客则饮酒，主人则饮水，何哉？'"

（二）《水浒传》第二十四回"王婆贪贿说风情，郓哥不忿闹茶肆"说到武松将有一趟远差，因对哥哥在家里的处境不很放心，于是设了一个小小的家宴，"酒至五巡，武松讨副劝杯，叫土兵筛了一杯酒，拿在手里"，叮咛武大一

内故事，说他凡出行均须请假于细君，如行不远，细君则滴水于地，限定水干前归来；若行稍远，则燃香印，掐至某处，以为还家之限。一日宴聚，"方三行酒，戴色欲逃遁，朋友默晓，哗曰：'扈君恐砌水隐形、香印过界耳，是当罚也。吾徒人撰新句一联，劝请酒一盏。'众以为善。"于是轮番以水、香事为意旨撰句劝饮。"戴连饮六七巨觥，吐呕淋漓，既上马，群噪曰：'若夫人怪迟，但道被水香劝盏留住君子'。此所谓"巨觥"，罚杯也，而又被以劝盏之名，似即昭示了由"觥"向着"劝盏"的衔接与过渡。

回，请他满饮了；"再筛第二杯酒，对那妇人说道"，云云。

（三）日人中川忠英《清俗纪闻》卷九"宴会进行之顺序"一项，"酒宴"条："主人在适当时候吩咐取另外之酒杯（按其下小字注云："此杯为以银或锡制之带脚酒杯，或犀角杯"）。此称为爵杯。主人向客人说：'要奉敬一杯。'向杯中斟满酒后双手捧给客人。客人双手接过说：'敬领。'饮干后，立即斟满酒向主人说：'回敬。'而把杯还给主人，主人双手接过饮干。然后，陪客亦用此杯逐次向贵客敬酒。主人再向陪客敬酒。陪客之间亦互相奉敬、回敬。"[26]

例（一）中的所谓"劝觞"，劝杯也。后文曰"樽"，所指原是一物，不过为了修辞的缘故而易以别称。由此三则纪事，可知所谓"劝杯"，通常只是一个酒杯，酒席筵中行礼如仪的时候，主人劝客，客敬主人，所用不易，因此例（一）中"坐客受劝觞"之际，会以"侍妾所执樽又非适所用者"而令人生疑。同样的情形在例（三）中尤其叙述得明白，虽然已经是清代。就其行事而论，正同于前面举出的"旅酬"和"飞盏"。例（二）则说明劝杯是"酒至五巡"所用酒杯之外的别一副，——副，杯与承盘合称一副。

与唐代用作罚酒的觥盏相似，劝杯与席间一套常制酒杯的不同，在于或容量殊大，或形制特异，或材质珍奇。关于容量大，可见如下之例：

（一）魏泰《东轩笔录》卷十五："北番每宴使人，劝酒器不一，其间最大者，剖大瓠之半，范以金，受三升。"

（二）徐兢《宣和奉使高丽图经》卷三〇"盘琖"条："每至劝酒，则易别材，第容量差多耳。"

（三）《剑南诗稿》卷六四《绍兴中，予初仕为宁德主簿，与同官饮酒，食蛎房甚乐，后五十年有馈此味者，感叹有赋；

26 方克等译，页406，中华书局二〇〇六年。

酒海者，大劝盂，容一升，当时所尚也》，诗有"同寮飞酒海"
之句。

例（一）、例（二）为出使见闻，而宴会劝酒均以别器，
可见当时的异域同风。例（三）之"飞酒海"，即传盏。——
苏轼有词调名"劝金船"，自序"和元素自撰腔命名，亦作'泛
金船'"，句云"杯行到手休辞却"，《傅干注坡词》引韩愈
诗："杯行到君莫停手。"行杯传盏，南宋时代与此前之酒
宴风俗性质是相近的。所谓"大劝盂，容一升，当时所尚也"，
应指此大劝盂的式样而言。

关于形制与材质，可见以下几例：

（一）苏轼《减字木兰花·以大琉璃杯劝王仲翁》句云
"海南奇宝。铸出团团如栲栳。曾到昆仑。乞得山头玉女盆"。

（二）《大宋宣和遗事·元集》：政和二年蔡京复太师，
徽宗召蔡京入内苑赐宴，"其所用宫中女乐，列奏于庭，命
皇子名楷的，侍侧劝劳，又出嫔女鼓琴玩舞，劝以琉璃、玛瑙、
白玉之盂"。

（三）周密《齐东野语》卷一八"章氏玉杯"条曰，"一
日宴聚，公出所藏玉杯侑酒"，云云。

前已说到，"侑酒"即劝酒。一般而言，一席酒筵劝
杯只有一件，不过例（二）是天子设宴，因有琉璃、玛瑙、
白玉之杯轮番使用的气派。神仙故事仿此。《苕溪渔隐丛
话·后集》卷三八引陆元光《回仙录》云，"吴兴之东林沈
东老，能酿十八仙白酒。一日，有客自号回道人，长揖于
门曰：知公白酒新熟，远来相访，愿求一醉"。主人知非凡人，
于是"出酒器十数于席间曰：闻道人善饮，欲以鼎先为寿，
如何？回公曰：饮器中，惟锺鼎为大，屈卮、螺杯次之，
而梨花、蕉叶最小。请戒侍人次第速斟，当为公自小至大

饮之"。"又约周而复始，常易器满斟于前，笑曰：所谓尊中酒不空也"。回仙，即吕洞宾。"以鼎先为寿"，便是以锺鼎为劝杯之意，这里的锺鼎，应指当日流行的仿古式酒杯。"常易器满斟于前"，即以各式酒杯轮番为劝，正如徽宗赐宴的"劝以琉璃、玛瑙、白玉之盃"。

　　这里举出的宋人对劝杯的形容，几乎都有实物可证。东坡词所谓"大琉璃杯"者，大玻璃杯也。陕西西安市第一中学出土一件北宋时代的蓝玻璃碗 [27]（图 4 — 16），广口，弧腹，系无模吹制成型，高 7.2 厘米，口径 17.2 厘米，尺寸比平常酒杯大得多。又安徽休宁县南宋工部侍郎朱晞颜

27 《正倉院の故鄉——中国の金・銀・ガヲス—展》，图七八，大阪市立博物馆等一九九二年。

图 4 — 16 蓝玻璃杯 西安市第一中学出土

墓出土玉杯（图 4 — 17），安徽来安县相官公社出土金钿玛瑙碗 [28]（图 4 — 18），均为酒器中的珍奇，——后者造型正是"团团如栲栳"，碗身几处自然之纹理，或即《百宝总珍集》所云为时人艳称的"蛐鳝红"和"酱斑"，自然都可以当得御筵席间的劝杯之任。

　　回仙故事中的所谓"屈卮"，原是古称，宋元时代所云"卮杯"如果不是用典，那么实指一侧有把手的酒杯，例见本书第一章。所谓"梨花"，乃是宋代开始流行的各式象生

28 前例见古方《中国古玉器图典》，页 333，文物出版社二〇〇七年；后例今藏安徽博物院；本书照片为参观所摄。

图 4 — 17 白玉杯 安徽
休宁县朱晞颜墓出土

图 4 — 18 金钿玛瑙杯
安徽来安县宋墓出土

花式盏，欧阳修《玉楼春》"美人争劝梨花盏"[29]，即此。
流行的还有梅花、莲花、菊花、葵花（黄蜀葵），等等。前
举朱晞颜墓与玉杯同出的又有一件金葵花盏，高 4.8 厘米，
口径 11 厘米。器肖黄蜀葵之形，盏口以及花瓣之间又分别
用折枝黄蜀葵做出装饰带，盏心錾刻花中花，中心高耸出
花蕊，圈足底缘錾刻一周毬路纹[30]（图 4 — 19）。这一类象
生花式盏均为"梨花"之属，通常杯腹都不深。"蕉叶"却
是唐代已经出现的样式，如纽约大都会博物馆藏一件金花

29 唐圭璋《全宋词》，
册一，页 136，中华书
局一九六九年。

30 器藏安徽博物院，此
为参观所见并摄影。

图4—19金葵花盏 安徽休宁朱晞颜墓出土

31 此为博物馆参观所见并摄影。

32 南京市博物馆《江浦黄悦岭南宋张同之夫妇墓》，页66，图二二，《文物》一九七三年第四期。器藏南京市博物馆，本书照片为参观所摄。

银蕉叶杯，叶脉是鱼子地上的缠枝花，回卷的缠枝间飞着鸟[31]（图4-20：1）。金银蕉叶在宋代同"梨花"一样流行，并且也常见于宋人题咏。词人张孝祥之子张同之墓出土一枚银蕉叶[32]，短茎作柄，打作精细的蕉叶浅浅弯成弧形以略足"盏"意，而实在容酒有限，果然是"蕉叶最小"（图4-20：2）。不过"蕉叶最小"并非通例。南京中华门外北

图4—20：1金花银蕉叶杯 纽约大都会博物馆藏

图4—20：2银蕉叶杯 南京江浦南宋张同之墓出土

宋长干寺塔地宫出土银釦水晶蕉叶杯高 4.1 厘米，长 18.7 厘米，则即诗人所云“蕉叶杯宽”（葛立方《虞美人·泛梅》）。

回仙故事中的螺杯，如前所举，在唐代酒令中已是常常用到，宋元时代它也多入于劝杯之属。北宋胡宿《鹦鹉杯》：“介族生蠙蚌，杯形肖陇禽。曾经良匠手，见爱主人心。置在金樽侧，来从珠水浔。愿为仁者寿，再拜莫辞深。”元张之翰《谢郑小溪螺杯》诗前小序记螺杯劝酒事云：“曩在泉南，诸士夫尝以海螺饮余，取江瑶柱为侑。北归十年，无复兹况。后访闽中郑小溪于燕都集贤东院，小溪为余出此杯酌官酿，酒再行，复举杯见赠。虽无江瑶柱，兴自不浅。”前一例“愿为仁者寿，再拜莫辞深”，意即以此杯上寿酒，末句系用唐方干《陪李侍中夜谯》“鹦鹉杯深四散飞”之典。所谓“以螺为杯，亦无甚奇，惟薮穴极弯曲，则可以藏酒”（《清异录》卷下），唐代因合用于觥盏，宋元因合用于劝杯也。螺杯实物，有西安市蓝田县三里镇五里头村吕氏家族墓地出土的一对，原是两枚天然瓜螺壳，依其自然形状稍加刮磨修整而成光润的圜底杯，高约十厘米，长约十七厘米。下设一对中空的环形座，也是用螺壳切剖而成，时代为北宋[33]（图 4 — 21）。

33 韩建武《神韵与辉煌——陕西历史博物馆国宝鉴赏·玉杂器卷》，页 89，三秦出版社二〇〇六年。本书照片为观展所摄。

图 4 — 21a 螺杯 西安蓝田吕氏家族墓地出土

图 4 — 21b 螺杯 西安蓝田吕氏家族墓地出土

上承唐代风尚，宋元诗词及纪事最常提到的劝酒之具仍是酒船。如欧阳修《定风波》"好是金船浮玉浪。相向。十分深送一声歌"；赵长卿《柳梢青》"歌媚惊尘，舞弯低月，满劝金船"[34]；又钟嗣成〔南吕〕《骂玉郎过感皇恩采茶歌·四福·寿》"广列华筵，共捧金船。庆生辰，加禄算"[35]，等等。如前所述，酒船原是劝酒之器中最常用到的传统样式，故所谓"酒船"，此际多属用典，但也不乏写实的成分，因为酒船的制作仍在继续，只是式样与前不同。

宋元时代，唐式酒船的几种类型都已经不很流行，多曲长杯之意匠经过唐代的一番中土化，至此则更融入各种象生花式盏，异域痕迹几乎无存。前举酒船形制最简者也已不多见。

摩竭式酒船，有广西南丹县小场乡附城村虎形山北宋银器窖藏所出一件银鎏金酒船[36]（图 4 — 22）。器高 14.8 厘米，长 34 厘米，造型取象于船而做成摩竭式，船舱、船尾、船篷，借形借势处俱见巧思。制作方法则是各个部件分别打造成形，然后铆接成型。此就容量来说，近于一升及一升以上的酒海。窖藏同出尚有装饰主题与风格大体一致的银鎏金高足盘、高足杯，又银盏等，合以摩竭式酒船，并

34《全宋词》，册一，页142；册三，页1818。

35 隋树森《全元散曲》，页1357，中华书局一九六四年。

36 韦壮凡《广西文物珍品》，图二四九，广西美术出版社二〇〇二年。

图 4 — 22 银鎏金摩竭式酒船 广西南丹县北宋银器窖藏

为酒器一组。饮酒行令意在劝饮以尽欢，因与唐代觥盏相似，劝杯形制的不同寻常，有时正是为了不便饮用，以使罚酒成为酒筵中的娱乐。此件酒船体量既大又饮用为难，便是体现了劝杯这一方面的特性。

　　至于元代，酒船的设计与制作已近似于玩赏重于实用的工艺品，但也因此它更适宜用作劝酒之器。最有名的例子是朱碧山制银槎杯[37]（图 1 — 18：1）。此外有湖南澧县澧南乡出土的银船盘盏一副（图 1 — 17：1）。后者与唐齐国太夫人金盏银盘虽已相去数百年，但二者之间继承和演变的线索依然清晰可见。

　　附带提及宋代一种与酒船类似的玉酒器，它也常作劝杯之用，此即玉东西。玉东西本义原指在宋人看来是古酒器的耳杯与长杯，说见吕大临《考古图》卷八[38]。但在两宋诗词中它又往往成为劝杯的别名，如苏颂《即席献文潞公》"舞奏未终《花十八》，酒行先困玉东西"[39]；范成大《代儿童作立春贴门诗三首》之二"家人行乐处，双劝玉东西"。

[37] 清代，它虽已成为争相收藏的珍物，而依然是席间的劝酒之器。朱彝尊《朱碧山银槎歌孙少宰席上赋》"羽觞玉爵讵足算，劝我凿落重三锾"，唐代所谓"凿落"，明清人认为即酒船之属，因此这里的凿落便是酒船之别名。

[38]《考古图》卷八著录庐江李氏藏汉代玉耳杯，注引李氏之说"汉高祖以玉杯为太上皇寿，以横长故，后人谓之玉东西"；按云：'《淮南子》：'阖面为盘，水则圜；于杯，随。面形不变其故，有所圜，有所随者，所自阖之异也。'随，当读椭，狭长也。盖古杯之形皆狭长。又闻使虏士大夫言，辽主燕用玉杯狭长有舟，其世子亦用之，形制少杀。"

39 又周紫芝《南柯子·方钱唐出侍儿，范谢州要予作此词》"画烛催歌板，飞花上舞衣。殷勤犹劝玉东西，不道使君肠断已多时"；杨泽民《望江南》"寻胜去，驱马上南堤。信脚不知人远近，醉眠犹劝玉东西，归帽任冲泥"（《全宋词》，册二，页882；册四，页3004）。

40《武林旧事》卷九《高宗幸张府节次略·进奉盘合》"宝器"一项有"玉东西盃一"。

41《中国古玉器图典》（见注28），页333。

图4 — 23 "鹿纹玉洗"故宫藏

而宋人的仿古之作也确有"玉东西盃"，见《武林旧事》卷九[40]。依据宋人的认识，可推知其制椭圆，则造型也近于酒船。《中国古玉器图典》著录故宫藏一件宋代"鹿纹玉洗"[41]（图4 — 23），高6.4厘米，长径14.5厘米，短径10.7厘米，杯身装饰鹿衔灵芝，体量之巨超乎寻常杯盏，或可作为"玉东西盃"的参考样式之一。

此外则是各种造型别致的异形杯盏，如瓜杯、桃杯，龟游莲叶杯，教子升天杯，仿古式夹层盏，或一组象生花式盏中式样独特的一件，例见本书第一章。从需求者或使用者来说，总希望劝杯造型新异，制作精工，以使"礼饮"可因此表敬，"乐饮"可因此助兴。那么制作者自然要极尽巧思，不断推出新样，或仿古以求典重，或由绘画取材以求妍雅，或以时代好尚而变化旧式以见新意。从中也可以看到，一方面有祝寿风习对祥瑞题材的追求，一方面又有士人推助和引领风雅。

宋元时代流行的劝杯带着由唐代觥盏发展而来的各种痕迹，但含义则不相同。它一方面用于劝酒，一方面更用于传玩。——当然这本来也是传统之一，不过宋元以前未成风气。元王旭《螺杯赋》"有平生之故人，招宴饮而婆娑。出奇器以示予，状非象而非犠（原注：音莎）……擎素手以微重，酌香醪而不颇。……众传玩而称珍，咸叹息以摩挲……"（《兰轩集》卷一），可见其意。类似的例子实在不胜枚举。因此也可以说，劝杯是古老的行酒方式以另一种形式的延续，而自此之后便总是不断渗透着文人雅士的好尚。

被名作劝杯的又有高脚杯，此出现于明清文献。高濂《遵生八笺》卷一四《论诸品窑器》列举粤中玻璃窑出品，中有"高脚劝杯"[42]。又《朱舜水谈绮》卷下"器用"一项举出"长脚盉"，注云："又劝盉。"

"高脚劝杯"这一称谓的出现，似乎意味着"劝杯"名称与意义的又一次变化。以明清流行的高脚杯样式为比照反观金元时代的金银器，可知金元已有这一类型。金代之例，如北京西城区月坛南街出土金錾海石榴花纹高脚杯（图1—16：2）。元代的例子，如内蒙古包头市达茂旗明水墓出土金錾折枝茶花纹高脚杯，纹饰的布置与前举金代之例相同而纹样不同（图1—16：1）。此外尚有数量不算少的素面金杯之例。

金元时代金银高脚杯的出现，可以认为是从北方地区开始的，在这时候的酒器系列中，它还应该算作是新样，用来作为筵席中的劝杯自然合宜。明清时代高脚杯有了"劝杯"的专名，自当与它在此前的使用情况相关。不过到了明清，劝杯已经有了比较固定的样式，与用途的关系反而不很紧密[43]。开篇所举劝杯使用情况之三例的例（二），——"武松讨副劝杯"，这里的"劝杯"便已是专名。《醒世姻缘传》

42 同卷提到的还有饶窑即景德镇窑的"子母鸡劝杯"。

43 如成书于乾隆年间的夏敬渠《野叟曝言》第九十回"前日羊运又寻了几个艾虎，两双鹦哥，一幅绒绣钟馗，一对雄黄劝杯，去做端午节礼"；又成书于嘉庆年间的梦梦先生《红楼圆梦》第十一回"北府里已送了寿礼树、金枝玉叶万年桃盆景，二幅七宝装的暗八仙挂屏，一柄天然竹根如意，一对通天犀雕寿意的劝杯"。

第二回:"丫头拿了四碟下酒的小菜,暖了一大壶极热的酒,两只银镶雕漆劝杯,两双牙箸,摆在卧房桌上。晁大舍与珍哥没一些兴头,淡淡的吃了几大杯,也就罢了。"此书所反映的生活约当明末清初。依据小说中的描写,两只劝杯不过是很见精致的酒器,与所谓"礼盂"已不相关。而例(三)即《清俗纪闻》"宴会进行之顺序"中,为这一段纪事绘制的插图有"爵盂",所绘为一件仿古式爵。该书是实地调查的记录,绘图也均为实写。那么在这里我们看到的是,时至清代劝酒的习俗依然是传统,某种方式甚至还带着上古"旅酬"之遗风,劝杯的选择也依然着眼于材质、形制之异。只是明代把"劝杯"之名给了高脚杯,因此虽"礼饮"时候的劝酒依旧,而劝酒之杯似已鲜用"劝杯"之名。

荷叶杯与碧筒劝

北宋谢薖有《碧筒》一首咏酒器，诗曰："君不见韩潮州，银作银盏夸工倕。镌花镂叶太琐碎，何言豪士亦尔为。又不见六一翁，尝吟鹦鹉红螺诗。华堂一醑岂不乐，清歌劝酒须蛾眉。吾侪山人宁有此，竟折圆荷为饮器。细倾初作露珠圆，满引忽惊云液碎。鼻中寂寂闻妙香，舌本徐徐识真味。采莲当歃花当妓，岂有登临百金费。安得城西十顷塘，水光容裔暑风凉。时引碧筒如象鼻，仍看翠盖立霓裳"[1]。此诗很是平浅，使事用典也不偏。"君不见"四句，说韩愈事，愈诗《寄崔二十六立之》"我有双饮酥，其银得朱提。黄金涂物象，雕镌妙工倕"。"又不见"四句言欧阳修，修诗《鹦鹉螺》所谓"磨以玉粉钿金黄，清罇旨酒列华堂"也。"时引碧筒如象鼻"，则有东坡诗句在先，苏轼《泛舟城南，会者五人，分韵赋诗，得"人皆苦炎"字四首》其三"碧筒时作象鼻弯，白酒微带荷心苦"。不过碧筒更早的出典是《酉阳杂俎》中的一则纪事，其《前集》卷七："历城北有使君林，魏正始中，郑公悫（当作慤）三伏之际，每率宾僚避暑于此。取大莲

1 北京大学古文献研究所《全宋诗》，册二四，页 15778，北京大学出版社一九九八年。

叶置砚格上，盛酒三升，以簪刺叶，令与柄通，屈茎上轮菌如象鼻，传吸之，名为碧筩杯。历下效之，言酒味杂莲气，香冷胜于水。"则谢蔼此诗不过是说，他既不雕镂银盏，也不磨制螺杯，却是荷塘之畔折取翠叶一枝为饮器，于是莲花侑酒，水光娱目，清雅之趣，远胜华堂博醉也。而所谓"碧筩"亦即碧筒，便是刺通荷叶梗，然后拗作吸管的一个鲜荷叶杯。

士人之雅，开启了工匠的思智。印尼勿里洞岛附近发现"黑石号"沉船的中国瓷器中，有一批式样独特的白釉绿彩高足盏，其下方为喇叭式高足，盏内心镂小孔，小孔上方贴饰水池中物，或龟，或鱼，或小鸭等捏塑，盏外壁贴塑一个细管，贴着盏口的一端管口外折，另一端折向盏底而与盏心小孔相通（图5－1、2）。又谢明良《记"黑石号"沉船中的中国陶瓷器》云曾在法国吉美博物馆见到一件"造

图5－1a 白釉绿彩高足盏 出自黑石号沉船（私人提供）

图 5 — 1b 白釉绿彩高
足盏盏心

图 5 — 2 白釉绿彩高
足盏残件 出自黑石号
沉船（私人提供）

2 谢明良《贸易陶瓷与
文化史》，页 113，允晨
文化实业股份有限公司
二〇〇五年。

型构思相同且于杯心贴塑水鸭的绿釉陶杯"，并举范成大《桂
海虞衡志》中提到的鼻饮杯而推测此类陶瓷器之用途[2]。与
此式样相同的器物也见于国内，如辽宁朝阳姑营子辽耿氏
墓出土的一件"定窑白瓷带把盏"，报告曰"盏作圆筒式，
侈口，圈足较高而略外展，管状嘴，环形把，嘴长短不一，

高出口沿，嘴内孔上伏一小龟，以蔽茶叶，设计新奇。通高8.8厘米，口径6.3～6.5厘米"[3]。

此类式样的器皿均为酒器而非茶器，所谓"以蔽茶叶"，自然不确，何况这时候的饮茶茶盏里多是不见"茶叶"的。《桂海虞衡志》中记述的鼻饮杯似乎与此形制相近，不过作者原是把它作为很新鲜的笑料笔录下来[4]，却并没有与碧筒相比较，而碧筒原为时人所熟知，则鼻饮杯应不会早已出现在北方定窑。其实由前引碧筒故事，即可明了酒盏设计的意匠来源。盏外壁与盏心相通的细管便是取"以簪刺叶，令与柄通，屈茎上轮囷如象鼻"之意，盏心贴饰的诸般荷塘中物，如龟、鱼、小鸭等，一面是为着掩蔽通孔，一面也是作为与主题相互呼应的点缀。

宋代酒器中的碧筒，至今尚未发现实例，不过却有设计构思相近之器。浙江衢州南宋史绳祖墓出土的一件白玉荷叶杯，乃一大一小两片荷叶，大者为杯身，小者为杯把上端的压指板，杯底弯过一枝荷叶梗，可巧做成荷叶杯的柄[5]（图5－3）。玉杯造型自是从碧筒故事中撷得一分创意，惟将荷叶梗做成杯柄而不是拗作吸管，因此它还不是标准

3 朝阳地区博物馆《朝阳姑营子辽耿氏墓》，《考古学集刊》第三集，页171，图四：13，图版三一：1，中国社会科学出版社一九八三年。

4 按鼻饮杯见《桂海虞衡志·志器》："南边人习鼻饮，有陶器如瓶碗，旁植一小管若瓶嘴，以鼻就管吸酒浆，暑月以饮水，云：'水自鼻入咽，快不可言。'邕州人已如此，记之以发览者一胡卢也。"

5 衢州市文管会《浙江衢州市南宋墓出土器物》，页1005，《考古》一九八三年第十一期。

图5－3玉荷叶杯 浙江衢州南宋史绳祖墓出土

6 孙明、张启龙《元代沉船遗物现菏泽》，页7（即文中称作"青白玉荷叶洗子"者），《收藏家》二〇一一年第六期。

的碧筒，而只能呼作荷叶杯，——东坡诗有《和陶连雨独饮》二首，诗前一则小引，略云："吾谪海南，尽卖酒器，以供衣食，独有一荷叶杯，工制美妙，留以自娱，乃和渊明《连雨独饮》。"此正可与白玉荷叶杯同看。形制相同的玉杯，也有元代遗存，如发现于山东菏泽元代沉船中的一件[6]（图5－4）。与玉杯同出的瓷器，有玉壶春瓶、高脚杯、鋬耳杯、果碟、果盘等酒器，依宋元时代的饮酒情景，这一枚玉荷叶杯便应是酒筵中的劝杯之属。

图5－4玉荷叶杯 山东菏泽元代沉船

明人的雅尚多取两宋为标准，而酒器中的碧筒则仿佛雅俗共赏。记述严嵩抄没之家财的《天水冰山录》在"纯金器皿·盃爵"一项中列有金素荷叶大盃、金荷叶中盃，金碧筒劝大盃、金碧筒小盃。明陆噓云所编日用小百科《世事通考》于"酒器类"中列出"碧筒劝"，其下注云："魏郑公聚僚友避暑，取荷叶盛酒，以簪刺叶与柄通，屈之如象鼻然，以口吸之，名曰碧筒劝。"可知其渊源仍是来自《酉阳杂俎》。所谓"碧筒劝"，"劝"者，劝杯也，即席间酒盏中式样别致制作精好的一件，用于劝酒，更兼赏玩。

《天水冰山录》中的金素荷叶大盃、金荷叶中盃，不必说，其式必与宋代玉荷叶杯相承，台北故宫博物院藏一件明代玉荷叶杯，便是实证，而在陈洪绶《隐居十六观》中正好可以看到它的使用情景[7]（图5－5、6）。至于金碧筒劝大盂、金碧筒小盂，由德化窑址出土的与"黑石号"沉船及耿氏墓所出碧筒劝形制相同即叶柄为空心的明代碧筒劝残件[8]（图5－7），可以推想其制。

7 辛卯盛夏，承台北故宫博物院提供观摩之便，得见院藏一枚"子刚"款"黄玉荷叶洗"。器如一个拗折下来卷作长圆的荷叶杯，口沿做出被风吹起的波曲，外壁琢出一对螭和一只蟹，叶脉之间有阳文"黄甲登科"，又"子刚"二字。一枝荷叶梗从器底弯折出来伸向口沿之侧，荷叶梗的上半中空，有孔与器壁相通。此器就形制来说，自是碧筒劝，不过融合了教子升天杯的装饰意匠，又把原是器内的荷塘水族移至器外，而与科举中第结合起来。

8 照片承栗建安先生提供。

图5－5明代玉荷叶杯 台北故宫博物院藏

图5－6陈洪绶《隐居十六观》之一 台北故宫博物院藏

图 5 － 7 明德化窑碧筒
劝残件 德化窑址出土

　　清代，碧筒劝依然是酒器中的巧件，巴黎塞努斯基博物
馆藏一对清德化窑荷叶杯，是与传统样式相延续的实例[9]（图
5 － 8）。又有天津博物馆藏清康熙茄皮紫釉碧筒劝，杯身
做出叶脉，与荷叶梗相通的小孔处贴饰一个小螃蟹，以
出筋的办法见出两螯八足，用作吸管的一弯荷叶梗从一
侧探出杯口，杯底三个小小的尖锥足，却是三个尖端向
下的螺蛳[10]（图 5 － 9）。碧筒劝的余响，则是光绪末年
制作的一批粉彩荷花杯，即光绪三十四年太湖秋操纪念
杯[11]（图 5 － 10：1、2）。纪念杯虽然把荷叶改成了荷花，
已经不是"碧筒"，但杯底有孔与中空的花茎相通，这一设
计构思来自"碧筒"，却是很清楚的。

9 两例均为博物馆参观
所见并摄影。

10 此承馆方惠允观
摩，得以亲验实物。

11 同期制作的荷花杯
存世尚有不少，本书举
出的两例均为博物馆参
观所见并摄影。

图 5 — 8 德化窑碧筩劝
塞努斯基博物馆藏

图 5 — 9 茄皮紫釉碧
筩劝 天津博物馆藏

图 5 — 10:1 "秋操杯"
山东省博物馆藏

图 5 — 10:2 "秋操杯"
河南省博物馆藏

辽代金银器中的汉风

1《辽代金银器》(朱天舒，文物出版社一九九八年)，《契丹王朝——内蒙古辽代文物精华》(中国历史博物馆等编辑，中国藏学出版社二〇〇二年)，《赤峰金银器》(于建设主编，远方出版社二〇〇六年)，《探寻逝去的王朝——辽耶律羽之墓》(盖之庸，内蒙古大学出版社二〇〇四年)，等等。以辽代金银器出土比较集中的赤峰地区为例，重要者有如下几批：一、宝山一号墓，时代为天赞二年。二、耶律羽之墓，时代为会同四年。三、水泉辽墓，辽早期。四、赠卫国王驸马娑姑墓，应历九年。五、沙子沟辽墓，辽早期。六、花根塔拉辽墓，辽早期至中早期。七、哈鲁辽墓，辽中期偏早。

辽代金银器是近年学界涉及比较多的话题，相关的著述与图录数量也不算太少，显示着由考古新发现所带来的研究成果[1]。

辽代金银器中，颇有一部分带着北方草原民族的特色，尤其是马具、带具和丧葬用器中的各种装饰用具，这是学界关注和讨论比较多的部分，也是辽代金银器最具特色的部分。但器皿一类的情况却有所不同。它早期多是由唐五代而来，晚期则与北宋相近，不论造型、纹样，抑或用途。换句话说，辽代金银器可以清楚别作两个部分，倒是很像辽代政治制度的"以国制治契丹，以汉制待汉人"(《辽史》卷四五《百官志一》)，即契丹与汉各成系统。如在食器使用中的蕃汉之分，——路振《乘轺录》记使辽时"宴于副留守之第，驸马都尉兰陵郡王萧宁侑宴，文木器盛虏食"；《续资治通鉴长编》卷五九曰孙仅使辽，其供应"具蕃汉食味，汉食贮以金器，蕃食贮以木器"。各种节日里，辽宋之间互赠礼物中的金银制品也可见出汉与契丹的趣向之别，——辽之馈赠以马具、弓箭、装备等为主，宋之馈赠则以金银酒食茶器为大宗[2]。早期金银器皿与唐五代接绪之紧密，显示着其制作很可能是出自汉族工匠[3]，而契丹贵胄对此类器物似乎也是一种对"他者"之物的欣赏，因为器物的造型、纹饰以及用途多非本族传统。

自澶渊之盟迄燕云之役，辽宋约和凡一百一十八年，益以开宝迄太平兴国间之和平，综凡一百二十四年。全部聘使计约一千六百余人。《续资治通鉴长编》及《辽史》所载者约一千一百五十人，以其他文籍补苴者尚有一百四十余人[4]。以如此频繁的往来，民族之间、不同文化之间，自难长久保持畛域分明，何况辽国疆域内有以南京、东京两个都城为首，包括其他城市及主要州县所兴盛的贸易往来[5]。更何况辽主中不乏欣赏与推广汉文化者，比如辽圣宗亲以契丹大字译白居易《讽谏集》[6]。宋人文集乃至篇章也以印行的方式在辽传播甚广[7]。辽代金银器中的汉风，这些都是它的大背景。

这里想从定名入手，以一组典型器物，即内蒙古阿鲁科尔沁旗辽早期亦即会同四年耶律羽之墓出土金酒器为例，将这一问题讨论得具体。当然定名所依据的文字记载主要是汉文献，因此也可以说是当日汉人眼中的辽国金银器。

辽代金银器既是上承唐五代，则我们必要选取一组宜于比较之例，那么便是江苏镇江丹徒丁卯桥发现的银器窖藏，其时代约当晚唐。所出银器为酒樽、注瓶，酒盏、酒海，果碟、果盘、果盒，匙和箸，茶具和香具（说见本书附论一）。耶律羽之墓出土金银器皿的类型和样式都与它很接近。以下即按照我的定名举其类目，并兼及与之同属的辽代器物：

一、酒樽　"左相公"铭银五曲素面酒樽一，口径34厘米，高7.2厘米。器底有"左相公"三字铭[8]（图6—1）。

八、二八地辽墓，辽早期或辽中期偏早。九、和布特哈达辽墓，辽中期。十、英凤沟辽墓，辽中期。十一、解放营子辽墓，辽中期至道宗初年。十二、庆州辽塔，辽中晚期。十三、友爱窖藏，辽晚期。《赤峰金银器》，页3～5。

2 见宋叶隆礼《契丹国志》卷二一《南北朝馈献礼物》一节。

3 胡峤《陷虏记》曰上京"有绫锦诸工作，宦者、翰林、伎术、教坊、角觝、秀才、僧尼道士等皆中国人，而并、汾、幽、蓟之人尤多"。

4 傅乐焕《辽史丛考·宋辽聘使表稿》，页232，中华书局一九八四年。

5 岛田正郎《大契丹国——辽代社会史研究》（何天明译），页185，内蒙古人民出版社二〇〇七年。

6《契丹国志》卷七《圣宗天辅皇帝》。又《诗话总龟·前集》卷一七引宋李颀《古今诗话》："雄州安抚都监称宣事云：虏中好乐天诗。闻虏有诗云'乐天诗集是吾师'。"

7 苏辙《北使还论北边事劄子五道·论北朝所见于朝廷不便事》（《栾

城集》卷四二）："本朝
民间开版印行文字，臣
等窃料北界无所不有。
臣等初至燕京，副留守
邢希古相接送，令引接
殿侍元辛传语臣辙云：
'令兄内翰（谓臣兄轼）
《眉山集》已到多时，内
翰何不印行文集，亦使
流传于此？'及至中京，
度支使郑颛押宴，为臣
辙言：先臣洵所为文字
中事迹，颇能尽其委曲。
及至帐前，馆伴王师儒
谓臣辙：'闻常服茯苓，
欲乞其方。'盖臣辙尝作
《服茯苓赋》，必此赋亦
已到北界故也。臣等因
此料本朝印本文字，多
已流传在彼。""访闻此
等文字贩入房中，其利
十倍。"

8《赤峰金银器》（见注
1），页65。图版说明作
"'左相公'银盆"。

9《赤峰金银器》（见注
1），页73～75。图版
说明作"錾花金杯"。

图6－2：1a金五曲花
口盏 阿鲁科尔沁旗耶
律羽之墓出土

图6－2：1b金五曲花
口盏盏心 阿鲁科尔沁
旗耶律羽之墓出土

图6－1 "左相公"铭银酒樽
阿鲁科尔沁旗耶律羽之墓出土

　　二、酒盏　金五曲花口盏二[9]。其一口径7.7厘米，高三厘米。盏外壁五曲内分别錾刻莲花上对衔花枝的一对小鸭，盏内心为涟漪中的一对游鱼，圈足外缘底端装饰一周莲瓣纹（图6－2：1）。其一口径7.3厘米，高4.9厘米。盏外壁五曲内各有开光，开光内錾刻鸿雁和卷草，五个开

光的下方为一周宝妆莲瓣，圈足外的莲叶如水风吹起，盏
内心的一枚莲叶半开半合，叶心一对游鱼（图 6 - 2：2）。
又银金花酒海一对[10]。其一口径 20 厘米，高 6.6 厘米，其
一口径 23.3 厘米，高 6.5 厘米。两器内心均錾刻摩竭纹而
二者式样稍异，花纹鎏金（图 6 - 3：1、2）。

10《契丹王朝——内蒙
古辽代文物精华》（见注
1），页 186 ~ 187。图
版说明作"摩竭纹金花
银碗"。

图 6 - 2：2a 金五曲花
口盏 阿鲁科尔沁旗耶
律羽之墓出土

图 6 - 2：2b 金五曲
花口盏盏心 阿鲁科尔
沁旗耶律羽之墓出土

图 6 − 3 : 1a 银金花酒
海 阿鲁科尔沁旗耶律
羽之墓出土

图 6 − 3 : 1b 银金花酒
海内心 阿鲁科尔沁旗
耶律羽之墓出土

图 6 − 3 : 2 银金花酒
海内心 阿鲁科尔沁旗
耶律羽之墓出土

三、果盘、果盒与渣斗　银鎏金果盘二，口径15.9～18.4厘米，高3.5厘米。其一盘心錾刻缠枝卷草，其一盘心在鱼子地上錾刻双凤衔花[11]（图6—4：1、2）。银鎏金菱花口果盒一，口径14.6厘米，通高8.9厘米。盖表菱花开光内以鱼子纹为地，打作缠枝花卉纹中一对上下腾跃的狮子，开光外为鸳鸯蝴蝶，边缘一周莲瓣。立墙装饰缠枝花卉纹中奔行的鹿、羊和狮子[12]（图6—5）。又银金花渣斗二，其一口径18厘米，高14厘米[13]。器腹錾刻四组鎏金团花：鱼子纹为地，上錾连理枝，枝上对生的花

11《契丹王朝——内蒙古辽代文物精华》（见注1），页190～191。

12《契丹王朝——内蒙古辽代文物精华》（见注1），页208。

13《契丹王朝——内蒙古辽代文物精华》（见注1），页200～201；《赤峰金银器》（见注1），页53～57。

图6—4：1a 银鎏金錾缠枝卷草纹盘 阿鲁科尔沁旗耶律羽之墓出土

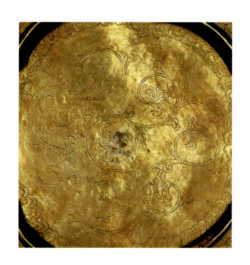

图6—4：1b 银鎏金錾缠枝卷草纹盘盘心 阿鲁科尔沁旗耶律羽之墓出土

图 6 — 4 : 2 银鎏金錾双凤衔花纹盘盘心 阿鲁科尔沁旗耶律羽之墓出土

图 6 — 5a 银鎏金双狮纹果盒 阿鲁科尔沁旗耶律羽之墓出土

图 6 — 5b 银鎏金双狮纹果盒盒盖 阿鲁科尔沁旗耶律羽之墓出土

图 6 — 5c 银鎏金双狮纹果盒立墙 阿鲁科尔沁旗耶律羽之墓出土

朵绽开如花台，一对小鸭花台上相向而立，连理枝头一对
肥大的叶子披垂下覆，与下方的花枝合抱为团花。盘面为
鱼子地上的四组鎏金团花（图6－6：1）。其一口径15.4
厘米，高12厘米。器腹也是鎏金团花四组，而为花树下的
一对鸳鸯（图6－6：2）。

图6－6：1a 银金花渣斗 阿
鲁科尔沁旗耶律羽之墓出土

图6－6：1b 金花银渣斗局部
阿鲁科尔沁旗耶律羽之墓出土

图6－6：2 银金花渣
斗 阿鲁科尔沁旗耶律
羽之墓出土

14《探寻逝去的王朝——辽耶律羽之墓》（见注1），页71。

15 孙建华《内蒙古辽代壁画》，页27，文物出版社二〇〇九年。

16 刘冰《赤峰博物馆文物典藏》，页91～92，远方出版社二〇〇七年。本书照片为赤峰博物馆参观所摄。

耶律羽之墓所出酒樽、酒盏、酒海，果盘、果盒以及银鎏金匙一柄[14]，多与丁卯桥窖藏器皿相类，细节如银五曲花口碗（图3－19：6）、又果盒的造型乃至立墙的纹饰都很相似（图3－19：11）。酒海则与何家村窖藏中的两件颇为接近，惟无盖（图3－8）。赤峰市阿鲁科尔沁旗宝山一号辽墓西侧室西壁侍从图中，有手捧"盖碗"实即酒海的侍者[15]（图6－7）。而与丁卯桥窖藏酒海造型、纹饰几乎相同的一件银金花酒海发现于赤峰市克什克腾旗二八地一号墓，器高6.6厘米，口径20厘米，五曲花口，内壁五曲各錾鎏金团花，内心一对鎏金鹦鹉。下有圈足，已失。时代为辽中期偏早[16]（图6－8）。酒海即酒盏中的大器，唐代已经很流行，宋代沿用下来。北宋韩琦《使回戏成》：

图6－7阿鲁科尔沁旗宝山一号辽墓壁画

图 6 — 8a 银金花酒海
赤峰市克什克腾旗
二八地一号墓出土

图 6 — 8b 银金花酒海
内心 赤峰市克什克腾
旗二八地一号墓出土

"礼烦偏苦元正拜，户大犹轻永寿杯。"自注："永寿，虏主
生辰节名。其日以大白酌南使。"[17]"户"，指酒量。"大白"，
古为罚爵之名，但这时候只是用作敬酒的大杯之意，以类
别而论，则酒海之属。

　　此外的两件器皿最见特殊，其一为金錾孝子图折肩罐，
其一为金錾花七棱錾耳杯[18]。

　　银鎏金錾花七棱錾耳杯，口径7.3厘米，高6.4厘米（图1—

17 北京大学古文献研究
所《全宋诗》，册六，页
3994，北京大学出版社
一九九二年。

18《契丹王朝——内蒙
古辽代文物精华》（见注
1），页 210 ~ 212；页
188 ~ 189。

1:10）。杯身用联珠纹分隔为七棱并做出七个开光，开光外，上方为对鸟衔花，下方为缠枝卷草，开光内的鱼子地上分别錾刻七位高士，——持卷，著书，弄琴，抚腹，执麈尾，又饮酒者二。同为辽早期的一例，为通辽市科左后旗吐尔基山辽墓出土金錾花八棱錾耳杯，口径6.1厘米，高5.9厘米，八个开光内分别錾刻大象和庭园仕女等，杯侧錾耳的压指板下有环柄[19]（图6－9）。此式錾耳，宋人称之为"屈指"。今发现唐代与此相类的金杯，均为八棱，杯侧的錾耳

19《文明之旅——中国北方草原古代文明揽胜》（展览图录），页90，内蒙古博物院二〇〇九年。本书照片为观展所摄。

图6－9 金八棱錾耳杯 通辽市科左后旗吐尔基山出土

20 新加坡私人提供。

21 杯有回鹘文铭，大意为：闪光的杯子在手上，我寻找到了无限的幸福。东京国立博物馆等《シルクロードの遗宝》，图157，日本经济新闻社一九八五年。本文照片为参观艾米尔塔什博物馆所摄。

多为"屈指"式，如陕西南郊何家村窖藏中的两件，如印尼勿里洞岛黑石号沉船中发现的一件[20]（图6－10）。艾尔米塔什博物馆藏一件出土于克拉斯诺亚尔斯克叶尼塞河中游河畔墓地的银錾花八棱錾耳杯，高6.5厘米，杯侧錾耳仅有压指板而无下面的环耳。其时代约当九世纪[21]（图6－11）。就造型来说，耶律羽之墓出土金杯与艾尔米塔什博物馆藏银杯更为接近，惟以七棱为异。而它的异于通常之八棱，

图 6－10 金錾花八棱
鋬耳杯 出自黑石号沉船
（私人提供）

图 6－11 银錾花八棱
鋬耳杯 艾尔米塔什博
物馆藏

似乎是特地为着安排开光内的七位高士。此高士，应即竹
林七贤（说见本书第一章）。

　　金錾孝子图折肩罐，口径 7.6 厘米，高 14.8 厘米，颈、
腹各有四个开光，开光内分别錾刻郭巨埋儿、王祥卧冰、
杨香搤虎、孝孙原縠谏父、蔡顺拾葚奉亲、蔡顺闻雷泣墓
等孝子图，开光之间满布花卉纹（图 6－12）。

图 6 - 12a 银鎏金折肩罐 阿
鲁科尔沁旗耶律羽之墓出土

图 6 - 12b 银鎏金折肩罐局部一
阿鲁科尔沁旗耶律羽之墓出土

图 6 - 12c 银鎏金折
肩罐局部二 阿鲁科尔
沁旗耶律羽之墓出土

折肩罐的造型原是仿自突厥器皿[22]，而成为辽代金银器皿的流行样式。此器之外，又如赤峰博物馆藏银金花折肩罐，口径 5.5 厘米，高 11 厘米，器身錾刻鎏金鸳鸯（图6－13：1）。赤峰市内出土银折肩罐，口径 5.4 厘米，高 9.9厘米，器身錾刻缠枝花[23]（图 6－13：2）。又赤峰克什克腾旗二八地一号墓出土银折肩罐，口径六厘米，高 11 厘米，器底有汉字"大郎君"铭[24]（图 6－13：3）。可见辽对突厥器皿的模仿，仅仅是造型而已，装饰纹样则已"改换门庭"，其所被汉风以至于深入到传统的意识形态。

关于使用情景，由路振《乘轺录》述大中祥符元年使辽，辽圣宗于武功殿宴享汉使，可知大概。《录》曰：时"呼汉

22 孙机《中国圣火·近年内蒙古出土的突厥与突厥式金银器》，页264，辽宁教育出版社一九九六年。

23《赤峰博物馆文物典藏》（见注 16），页93～94。

24《赤峰金银器》（见注 1），页 128。按其年代为辽中期偏早。

图 6－13：1 银金花折肩罐
赤峰市博物馆藏

图 6－13：2 银錾花折肩罐
赤峰市博物馆藏

图6—13:3 "大郎君"铭银折肩罐 赤峰市克什克腾旗二八地出土

使坐西南隅。将进虏主酒，坐者皆拜，惟汉丞相不起。俄而（秦王）隆庆先进酒，酌以玉瓒，玉盏双置，玉台广五寸，长尺余，有四足，瓒、盏皆有屈指。虏主坐前先置银盘，盘有三足如几状，中有金罍。进酒者升，以瓒、盏授二胡竖执之，以置罍侧，进酒者以虚台退，拜于阶下。讫，二胡竖复执瓒、盏以退，倾余酒于罍中，拜者复自阶下执玉台以上，取瓒、盏而下，拜讫，复位。次则楚王进酒如仪。次则耶律英进酒如前仪。其汉服官进酒，赞拜以汉人；胡服官，则以胡人。坐者皆饮，凡三爵而退"[25]。

此为宫廷宴会，自然用器讲究，故台盏多以玉，不过就形制而言，金银与玉是大体一致的。对于叙事中提到的各种用器，我们在理解上不宜胶着于字义，因为路振是以自己所熟悉的古礼来解读自己并不熟悉的辽朝所用汉与契丹杂糅之礼，亦即汉使眼中的"虽名用汉仪，

25 贾敬颜《五代宋金元人边疆行记十三种疏证稿》，页62～63，中华书局二〇〇四年。按文句之标点，依我的理解有所改动。

其实多参夷法"[26]。末云"三爵而退"，也是以古礼来阐
发"今"礼[27]。

所谓"瓛"，本为玉名，即裸圭[28]。但在这里，它应是"灌"
亦即"裸"的借用，而又用来代指宴席礼仪中的酌酒之器。
依《周礼》，王会大宾客用裸礼[29]，即用圭柄之瓒酌郁鬯以
献宾客，故称作裸或灌。而路振所见"玉瓛"，大约只是用
作酌酒的有流之器，所云"瓛、盏皆有屈指"，那么此器之
式或同"匜"，亦即宋元俗称"马盂"的器皿（说见本书第
一章）。玉盏其式，前举上有压指板、下有环耳的金银鋬耳杯，
可为参考样式之一；安徽休宁县宋朱晞颜墓出土一件玛瑙
杯，可为参考样式之二[30]（图6—14）。

最有意思的是所谓"金罍"，当然这也是路振以自己的
知识背景而为器皿命名。以意逆志，他首先会想到《诗·周
南·卷耳》"我姑酌彼金罍"。实际上在宴享使者的筵席中
不会有此古器。且将吕大临《考古图》卷四所收庐江李氏
藏"足迹罍"与前面举出的金折肩罐相对看，便知以宋人
对礼器的认识而与眼中实物对应，"罍"之名最是自然不过。
如此可以推知，置于三足银盘中的"金罍"，便是金折肩罐。

然而所谓"折肩罐"，乃今人对此类器物的统称。那么

26 苏颂《后使辽诗》之
《广平宴会》一首云："胡
中官室本穹庐，暂对皇
华辟广除。编曲垣墙都
草创，张旃帷幄类鹑居。
朝仪强效鹓行列，享礼
犹存体荐余。玉帛系心
真上策，方知三表术非
疏。"题下自注云："礼
意极厚。虽名用汉仪，
其实多参夷法。"按据
《后使辽诗》自注，知
苏颂系熙宁十年八月自
国史院被命假龙图阁直
学士、给事中充大辽生
辰国信使。十月三日进
发，明年正月二十八日
还阙。《全宋诗》，册一
〇，页6422。

27《诗·小雅·宾之初
筵》"三爵不识，矧敢多
又"；《礼记．玉藻》"君
子之饮酒也，受一爵而
色洒如也，二爵而言言
斯，礼已三爵，而油油
以退"。

图6—14 玛瑙杯 安徽
休宁朱晞颜墓出土

28《左传·昭公十七
年》："若我用瓛、斝、
玉瓒，郑必不火。"杜
预注："瓛，圭也。"

29《周礼·春官·典瑞》"裸
圭有瓒，以肆先王，以裸
宾客"，郑玄注："爵行曰
裸。"又《秋官·大行人》
"王礼壹裸而酢"，郑玄注
引郑司农云："裸，读为
灌。"所云皆王会宾客用
裸之礼。

30 古方《中国古玉器图
典》，页332，文物出版
社二〇〇七年。

31 "戏为四句诗",《契
丹国志》卷二四曰"刁
约使契丹，为北语诗"
云云。按《续资治通鉴
长编》卷六一记承天节
契丹所献礼物，中有"蜜
渍山果十栋橱疋列"（中
华书局校点本将"疋列"
一语属下句，误），也是
此物。"栋"，或为木名。

32《内蒙古辽代壁画》
（见注 15），页 40。

我们回到当日场景，在契丹酒器中持"物"找"名"，——
此"罍"，应即"北语"之"匹裂"。沈括《梦溪笔谈》卷
二五《杂志二》云刁约使契丹，戏为北语诗[31]，句有"饯
行三匹裂"，注云："匹裂，似小木罍，以色绫木为之，如
黄漆。"所谓"色绫木"，段成式《酉阳杂俎·续集》卷
一〇《支植下》："台山有色绫木，理如绫文。"可知匹
裂便是契丹所习用的有天然木纹理的饮器，其式如罍，
与罍的造型亦差相仿佛。既登宫廷享宴，以金银易文木，
自在情理之中。

　　酒器的使用，在辽代绘画中也常常表现得很清楚，如
赤峰阿鲁科尔沁旗宝山一号辽墓墓室回廊北壁壁画，绘食
案上六盘、三碗、四曲花口盏一对[32]（图 6 — 15）；河北
宣化辽墓五号墓后室东南壁壁画，酒桌上面一个里面浮着

图 6 — 15 阿鲁科尔沁
旗宝山一号辽墓壁画

酒勺的花口酒樽，桌旁一人捧盘，盘置四曲花口酒盏，另一人一手持温碗，一手持注子，方向盏中注酒[33]（图6—16）。宣化下巴里Ⅱ区辽墓二号墓墓室西壁壁画，酒桌上面放置注碗一副，桌边的侍者左手持盘，盘中一个四曲花口盏[34]（图6—17）。又赤峰市巴林右旗都希苏木友爱村辽墓出土两幅彩绘木板画，其一绘男侍奉注碗一副，其一绘女侍奉台盏一副。木板原嵌于墓室内壁[35]（图6—18）。

　　画迹中的器具，前面举出的辽代实物均可与之互证。此外尚有多例，如巴林右旗洪格尔苏木哈鲁辽墓出土银鎏金杯盘一副[36]（图3—9），墓葬时代为辽早期偏晚。注碗

33 河北省文物研究所《宣化辽墓——一九七四年至一九九三年考古发掘报告》，彩版七四，文物出版社二〇〇一年。

34 张家口市宣化区文物保管所《宣化下巴里Ⅱ区辽壁画墓考古发掘报告》，彩版六一：2，文物出版社二〇〇八年。

35《文明之旅——中国北方草原古代文明揽胜》（见注19），页114。

36 又内蒙古巴林左旗哈达英格乡哈达图村辽墓出土一件白釉承盘，口

图6—16 宣化辽墓五号墓壁画　　　图6—17 宣化下巴里Ⅱ区辽壁画墓二号墓壁画

图 6 － 18：1 木版画一 赤峰市巴
林右旗都希苏木友爱村墓葬出土

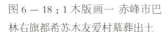

图 6 － 18：2 木版画二 赤峰市巴
林右旗都希苏木友爱村墓葬出土

径 14 厘米，高 3.7 厘
米，五曲花口，宽折沿，
下凹的盘心凸起一个装
饰莲瓣纹的花台，也是
此类，只是失所承之盏
（唐彩兰《辽上京文物撷
英》，页 67，远方出版
社二〇〇五年。按图版
说明称作"白釉盏托"）。

37《赤峰博物馆文物典
藏》（见注 16），页 90。

38 器藏内蒙古文物考古
研究所，本书照片为观
展所摄。

在辽代金银器中也有实物可见，如内蒙古巴林右旗白音汉
窖藏中的银錾牡丹花纹八棱注碗一副，时代为辽晚期（1 －
23：2、3）。赤峰市博物馆藏金花银盘盏一副，盏与盘均为
五曲花口，两器内心各錾一朵鎏金莲花 [37]（图 6 － 19），而
这已是宋代盘盏的主要样式了。

丁卯桥窖藏中的银金花双凤戏珠纹菱花式长盘一，银
素面四曲长盘一（图 3 － 19：8、9），均为果盘，系用作
席面铺设餖饤。通辽市科左后旗吐尔基山辽墓出土的一件
银金花摩竭戏珠纹菱花式长盘，便是此类 [38]（图 6 － 20）。
它与银金花双凤戏珠纹菱花式长盘的造型、盘沿装饰以及

图 6 — 19 金花银盘盏
一副 赤峰市博物馆藏

图 6 — 20 银金花长盘
（俯视） 通辽市科左
后旗吐尔基山辽墓出土

盘心构图几乎一致，惟后者易凤凰为摩竭。二者的用途也
应相当。

不过辽代金银器中尚有一种尺寸更大且盘心装饰与此
不同的长盘，如巴林右旗白音汉苏木友爱村窖藏中的一件
银盘，盘长 31 厘米，最宽处 18 厘米，高 1.8 厘米。宽沿，
平底，盘心三枚圆形图案，两边为铺展开来的莲花，中心

39《赤峰金银器》(见注1)，页154～155。
40 器藏赤峰博物馆，本书照片为参观所摄。下例同此。
41 同类器皿并不鲜见，如天津博物馆藏辽三彩长盘，即与此造型和纹饰完全相同。
42 郝春文《英藏敦煌社会历史文献释录》第七卷，页540，社会科学文献出版社二○一○年。又《新唐书》卷二一二曰袁滋使南诏，册封异牟寻为南诏王，异牟寻享使者，"出银平脱马头盘二，谓滋曰：此天宝时先君以鸿胪少卿宿卫，皇帝所赐也"。

为涟漪水草间回环嬉游的双鱼[39]（图6－21）。与此造型纹样相类的陶瓷器，有赤峰市松山区初头朗乡西山根辽墓出土一件绿釉长盘[40]（图6－22：1），又赤峰市内出土的一件辽三彩长盘，后者盘心安排三朵水波纹中的莲花[41]（图6－22：2）。

这一类样式的长盘，唐代或作为祭祀用器，敦煌文书中称之为"马头盘"。如S.1725V2《释奠文》中所举"马头盘四，疊子十，壘子十"；"马头盘八，疊子廿，壘子廿"[42]。

图6－21a 银长盘 巴林右旗白音汉苏木友爱村出土

图6－21b 银长盘盘心局部 巴林右旗白音汉苏木友爱村出土

图 6 — 22：1a 绿釉长
盘 赤峰市初头朗乡西
山根辽墓出土

图 6 — 22：1b 绿釉长
盘 赤峰市初头朗乡西
山根辽墓出土

图 6 — 22：2 "大同二
年" 铭三彩长盘（俯
视）赤峰市内出土

43 出土时碟里盛着珍珠、水晶、琥珀等。辽宁省文物考古研究所等《朝阳北塔》，页77，图版五六：1，文物出版社二○○七年。器今分藏朝阳北塔博物馆、辽宁省博物馆，本书照片摄于辽宁省博物馆。

所谓"曡子"，便是碟子。"墨子"即楪子，亦即楄盘。唐代的碟子和楪子，尺寸约略相当，一般直径十或十一二厘米，如陕西扶风法门寺地宫出土之器（图3－11、14）。辽代也大抵如是。如辽宁朝阳北塔天宫出土尺寸与形制大体相同的银花口碟一组八件：平底，器腹为花瓣式，器心錾刻团龙，口径10.9~11.4厘米，高2.2厘米[43]（图6－23）。至于马

图6－23银錾团龙纹碟 辽宁朝阳北塔天宫出土

44《厨事类记》为平安后期镰仓时代记载日本宫廷饮食状况的著作。见高启安《"马头盘"的形状、功用及其东传日本——从敦煌到日本》，页518，图一，载《转型期的敦煌语言文学——纪念周绍良先生仙逝三周年学术研讨会论文集》，甘肃人民出版社二○一○年。

45 相关考证，见扬之水《关于棜、禁、案的定名》，《中国历史文物》二○○七年第四期。

头盘的形制，在日本最早的一部饮食专著《厨事类记》中可得究竟，虽然时代已晚，并且改变了用途[44]。原来它的典型样式是中间阔、两端稍狭、略呈椭圆的长盘，因以俯视时外轮廓肖似一个正面的马头而得名。依《释奠文》所列，马头盘应是在祭祀仪式中用于放置曡子和墨子，用途略同于食案。前举辽代长盘，不论银与陶瓷，均在盘心安排三个圆形图案，正是用来表示承托器具的位置，而这也是先秦已有的传统做法，可以上溯至先秦[45]。前面举出的巴林右旗友爱村窖藏银盘，盘长31厘米，依盘心图案所示放置三个直径 十厘米 左右的碟子或楪子，恰好合宜。此类长盘，多见于辽墓壁画中的宴饮图。

辽代金银器皿多承唐风，已如前举。此外尚有一例，即内蒙古通辽市科左后旗吐尔基山辽墓出土的银鎏金嵌宝包镶漆奁盒（内置"李家供奉"铭双鸾铜镜一枚）[46]（图6—24：1、2）。盒盖内里錾一幅宴饮图。画面中心是水中的一个小岛，两边各有雕栏围护，栏外水波粼粼，近水鸳鸯嬉戏，远水鸿雁翻飞，更远处则一带云山飘渺。小岛上面巧布芭蕉湖石，湖石间的落英缤纷处对设毡毯，上首毡毯当心处的绣墩上坐着男女主人，身后环立侍女，其中一人掌扇。下首毡毯是一队方在演奏的伎乐，所奏者乃以下承牙

46 器藏内蒙古文物考古研究所，本书照片为观展所摄。

图6—24：1金镶宝包镶漆奁盒 通辽市科左后旗吐尔基山出土

图6—24：2"李家供奉"铭铜镜 通辽市科左后旗吐尔基山出土

图 6 — 24：3 金 镶 宝
包 镶 漆 奁 盒 盖 内 图 案
通 辽 市 科 左 后 旗 吐 尔
基 山 出 土

图 6 — 25a 银 金 花 盒
哈 尔 滨 市 阿 城 区 出 土

图 6 — 25b 银金花盒
盖面 哈尔滨市阿城区
出土

47《内蒙古辽代壁画》
（见注 15），页 46、页
50。

48 孙机《辽代绘画》，
页 15，载《契丹王朝——
内蒙古辽代文物精华》
（见注 1）。

49 金上京博物馆藏。
照片为参观首都博物馆
"千古探秘——考古与
发现"展（二〇〇九年）
所摄。

床的羯鼓为中心，配以拍板和笛（图 6 — 24：3）。而羯鼓
正是在唐代倍受重视的器乐，玄宗所谓"八音之领袖，诸
乐不可方也"（《新唐书·礼乐志》）。如同天赞二年前后的
赤峰市宝山二号辽墓壁画《寄锦图》、《颂经图》[47]，画面中的
人物服饰均与唐代相近，而宝山辽墓壁画的题诗中乃至赫然
有着"征辽"之句，此自可证唐文化于辽影响甚深，但也
可能作品源出唐朝旧样[48]。当然这是辽代前期的情况。然
而在辽、宋两个南北政权长期对峙的情况下，仅就金银器
来说，辽代金银器皿中的汉风竟是贯穿始终，并为以后的
金代所接绪，由哈尔滨市阿城区出土银金花盒[49]（图 6 —
25），我们可以清楚看到如此的一脉相承。

索引

〔索引内容为第一章与第二章讨论定名的器皿纹样、造型、名称之类目〕

后记

卷三的写作也终于到了搁笔的时候。如果继续撰写卷四，那么便是宗教用器，而涉及范围当不限定于宋元明。然而近期尚无深入考察与观摩实物的机会，只好暂存此题，以待来日。

终卷之际，尚不得不对本书文字与时下通例有异的两种处理方式略作说明。

一、关于"身分"一词的用法。《辞源》"身分"条义项之一曰："人在社会上的地位、资历等统称身分。《宋书·王僧达传》求徐州启：'固宜退省身分，识恩之厚，不知报答，当在何期。'北齐颜之推《颜氏家训·省事》：'吾自南及北，未尝一言与时人论身分也。'""分"的义项之一，是为职分、名分。而今所通行的"身份"一词，于古无征，且字义不通（"份"读作 fèn 时，为数量词）。因此本书取"身分"，而不取"身份"。

二、关于数字的用法。汉语对数字的使用有着自己的传统，而且使用的本身常常就是一种修辞手段，乃至单凭数字无须量词即可完成晓畅的叙事而成就文字之美。诗歌如此，散文如此，古汉语如此，现代汉语也是如此。这一类的例子不胜枚举，可以不论。这里只说近乎纯粹的数字表达。比如约数：长约两米，宽三米余，高五十厘米左右，诸如此类是不可用阿拉伯数字取代的，因为后者在汉语中原是用作表示确切的数字，即如"弟子三千"，不可写作"弟子3000"，"诗三百"，不可写作"诗300"。此外，古书的卷数，十以内的数字，均不宜使用阿拉伯数字，对此前修时贤都发表过很好的意见。本书对阿拉伯数字的使用原则，即是附和这些尊重汉语表达传统的合理主张。然而近一二十年来阿拉伯数字在汉语中的使用不断扩大化，是不是也可以稍稍检讨得失、规范用法呢。

再版后叙

此书一至三卷的写作，多得益于各地博物馆热诚相助，不仅提供观摩实物之便，且每每惠予图像资料。卷一、卷二后记中的申谢，其实难尽感激之情于万一。最近一年中，这一类机会依然不少。便借此再版，将近期的观摩心得稍稍补缀于末。

一 关于摩竭式酒船

辽宁省博物馆藏"鱼龙形水盂"[1]，出土于辽宁北票水泉一号辽墓，它以胎质细白，釉色明润，造型独特而成为名品。对于它的名称和用途，曾有过不少讨论，不过至今也还没有形成一致的意见。辛卯初秋，承辽宁省博物馆惠予方便，得以仔细观摩，因在这里略述所见。

其器造型如一叶摩竭式船，内里中空，器身遍施细鳞，两侧耸起一对翅膀，前端好似没有做出鱼首，后端则是鱼尾高翘，口沿被双翅遮掩的部分封起一节略如舱板，其端施一膨起之物略如船篷。双翅和鱼尾之缘各点缀一溜水珠，以见浪中出没之意。器底安一圈足。从设计意匠来看，此器造型正是摩竭与酒船的结合与融汇。匠师对二者的来源

和用途均有清楚的了解，因此得以巧妙使用双关语，使器
之意象恰在形似与神似之间，不论摩竭抑或酒船。侧面看
来，摩竭见尾不见首，却是一面以鱼尾的高耸而见首在浪
涛之中，一面与船之意象相若，高耸的鱼尾又适可用作持柄。
然而摩竭又是有首的，它隐藏在两翅之间：与井里汶沉船
中的摩竭酒船相对看（图4—9），可知此器之"船篷"，实
即摩竭向后翻卷的长鼻；长鼻下方的张口处一对利齿，而
"舱板"上面，原有着鼓起的一对圆眼睛，眼睛上方，纵向
竖着一长一短两只角〔插图一〕。

插图一：1 摩竭式酒船　　插图一：2 摩竭式酒船　　插图一：3 摩竭式酒船
辽宁北票水泉一号辽　　辽宁北票水泉一号辽　　辽宁北票水泉一号辽
墓出土　　　　　　　　墓出土（俯视）　　　　墓出土（前视）

　　摩竭鱼，慧琳《一切经音义》卷二〇解释道："摩伽罗鱼，
亦云摩竭鱼，正言麼迦罗鱼。此云鲸鱼也。"又卷二三："摩
竭鱼，此云大体也。谓即此方巨鳌鱼，其两目如日，张口
如峒谷，吞舟光出，潝流如潮，若欲水如壑，高下如山，
大者可长二百里也。"出现在佛经中的摩竭鱼，多用于比喻
贪欲，如马鸣《大庄严论经》卷二 "然此多欲人，常生于
欲想；贪利无有极，如摩竭鱼口"，如鸠摩罗什译《杂譬喻
经》"昔有五百贾客，乘船入海欲求珍宝，值摩竭鱼出头张
口欲食众生"，云云[2]。不过摩竭鱼虽有恶行，却也颇有善业，

2 《大正藏》第四卷，
页 267；《大正藏》第四
卷，页 529。

即如鱼身化为船渡越商主之类（《大唐西域记》卷八《摩揭
陀国·上》）。在印度造型艺术中，有摩竭张口吞食小鱼的
形象，——如桑奇二塔浮雕；而满愿树也每从摩竭口中宛
转生出，——如桑奇大塔浮雕；又恒河女神也常常是足踏
摩竭，——如贝格拉姆出土的印度牙雕[3]〔插图二〕。不过
这是在此不容展开而有待于另外讨论的题目了。

3 桑奇佛塔之例，为实
地考察所摄；印度牙
雕，见《阿富汗：重新
发现的珍宝——喀布尔
国家博物馆藏品》，图
一二一，法国吉美远东
艺术博物馆二〇〇六年。

插图二：1 摩竭鱼
桑奇二塔栏楯浮雕

插图二：2 摩竭鱼
桑奇大塔栏楯浮雕

插图二：3 恒河女神
贝格拉姆二号发掘现
场 10 号墓室出土

摩竭的形象随佛教而东传，然而在中土却很少出现于
佛教艺术，却是多为生活用品的装饰所用。人们对它的接
受，大约主要在图像，而未必对异域故事都有很清楚的了解。
于是结合了有关鱼龙变化的想象，或把它也认作出没于浪
涛的精灵，且另外命名。在摩竭纹十分盛行的辽代，摩竭
多已添加双翅。《宋史》卷一五三《舆服五》"凡命妇许以
金为首饰，及为小儿铃铤、簪簦、钏缠、珥环之属，仍毋
得为牙鱼飞鱼奇巧飞动若龙形者"。此所谓"飞鱼"，即"奇

巧飞动若龙形者"，应即摩竭鱼。

北票水泉一号辽墓出土的瓷器，几乎都是酒具或曰筵席用器，——鸡腿瓶、凤首瓶、鸡冠壶、注壶、唾盂、酒碗、酒台子，所谓"鱼龙形水盂"，也是酒具之一，便是酒船。墓葬的时代为辽早期，此器则是由中原输入，先曾被定为北宋物，后被定为五代。而它的造型的确与井里汶沉船中时属五代的摩竭酒船十分相近，惟设计构思更为新奇。

二 关于东阳宋墓出土金银器

宋代金银器出土比较集中的墓葬，多发现于南方地区，如南京幕府山北宋墓，浙江菁山乡宋墓，福州茶园山南宋许峻墓。就金银器的类型而言，浙江东阳白云街道杨大坞村金交椅山宋墓出土金银器，是内容最为丰富的一组实例。墓葬出土钱币中有金代"大定通宝"[4]。庚寅仲冬，承东阳博物馆惠允观摩，得以对这批器物增进了解和认识。以下即按照自己的理解为之分别类型和定名：

金银器中的首饰之类，计有银鎏金花筒簪一，金佛手簪一，银花果簪一；银鎏金折股钗一，银鎏金连二连三式花头钗一对、金竹节纹桥梁钗一；金錾卷草纹钳镯一对，银缠钏一对，满池娇纹金帔坠一；银巾环一，又粉盒之属的如意云纹银盒一件〔插图三〕。

首饰类中的簪钗、镯钏、帔坠等，多是自北宋一直流行到元代的典型样式，如本书卷一举出的若干实例。筵席用器〔插图四〕，相近的例子颇见于南宋和元代。银鎏金龙纹杯盘一副中的承盘，与之相似者，有湖南临澧柏枝乡南宋金银器窖藏银杯盘一副中的承盘（图 1 — 14：3）。酒杯

4 陈荣军等《东阳文博十年》，页 140 ~ 149，中国书店二〇一〇年；吕海萍《东阳金交椅山宋墓出土文物》，页 5 ~ 14，《东方博物》第三十九辑（二〇一一年）。

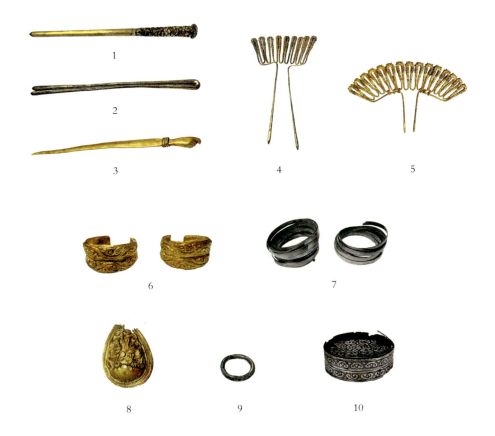

插图三

1 银鎏金花筒簪　　2 银鎏金折股钗　　3 金佛手簪　　4 银鎏金连二连三式花头钗

5 金竹节纹桥梁钗　6 金錾卷草纹钳镯　7 银缠钏　　　　8 满池娇纹金帔坠

9 银巾环　　　　　10 如意云纹银盒

插图四

1 银鎏金龙纹杯盘一副　　2 银鎏金芙蓉花台盏一副

3 银鎏金云龙纹箸瓶　　4 "樊二郎"铭银盂

5 银唾盂

5 所出为银箸瓶一副，瓶里插着银箸一双，银匙一柄，福建省博物馆《福州茶园山南宋许峻墓》，页25，《文物》一九九五年第十期。

为金质，金杯外壁的团窠式对鸟纹〔插图四：1〕，是自唐五代流行至宋元的装饰纹样，即如本卷所举实例。银鎏金龙纹箸瓶一件，当与同出的银箸与银匙合为一副，这是宋墓中常见的组合，如分别出自福州茶园山南宋许峻墓[5]、贵

插图四：1 金拓外壁图案

插图五：1 银盂 湖南沅
陵元黄氏夫妇墓出土

插图五：2 银唾盂 湖南
沅陵元黄氏夫妇墓出土

6 男女主人的随葬品中，分别有金、银匙箸瓶，金瓶插着金匙与箸，银瓶插着银匙与箸。贵州省文物考古研究所等《贵州遵义市新蒲播州杨氏土司墓地》，图二五（页97），《考古》二〇一五年第七期。这一组合曾被认为是香匙箸瓶，不过香匙与饭匙的匙叶造型不同，匙叶与匙柄的连接方式也不同，用餐的箸与香箸也是有区别的。

州遵义播州土司杨价夫妇墓的金银箸瓶 [6]。讲究之家，布席的时候匙箸是插入金瓶或银瓶以备宾客取用的。元孔齐《至正直记》卷一"止箸"条曰："宋季大族设席，几案间必用箸瓶、查斗，或银或漆木为之，以箸置瓶中。"

"樊二郎"款银唾盂和钵盂各一件〔插图四：4、5〕，前者口径9.7厘米，后者口径17.2厘米，均光素无纹，两器是配合使用的唾盂、钵盂一副，乃用于清理口腔：钵盂漱口，唾盂承接漱口水。这也是宋元墓葬常见的固定组合，如江苏镇江五

洲山宋墓出土的铜器[7]，如湖南沅陵元黄氏夫妇墓出土的银器[8]
（插图五：1、2）。

　　本书在分别讨论首饰和筵席用器时，曾各个举出典型
器组，东阳宋墓金银器则不仅包括了作为金银器主要品种
的首饰和筵席用器，且两类之品种和样式也都很有代表性，
因在这里举为例证，似可把它看作由宋向元过渡的一组。

三、关于吐尔基山辽墓出土银壶所饰人物故事图

　　内蒙古通辽市科左后旗吐尔基山辽墓出土一件银鎏金
提梁壶，壶腹两面开光中各装饰一幅人物故事图，两图均
有榜题，其中一幅题作"四浩先生"，另一幅榜题也是四个字，
不过第二字稍欠清晰，不同版本的图录此幅之图版说明概
作"弘口先生"[9]〔插图六：1～3〕。教人欣喜的是，《契丹
风韵——内蒙古辽代文物珍品展》展览图录不仅刊出此器
的全形照片，且两幅装饰图案也分别刊载特写，因得以仔
细观看。细审其字，原当是个"牙"字。于是可以明白榜
题四字乃是"弘牙先生"，实即"洪崖先生"，正如另一幅
中的"四皓"写作"四浩"。

　　"弘牙先生"之幅，开光内的鱼子地上草丛簇簇，山
石三五，其间一行五人。策鞭缓辔骑驴者一，前后从者四，
乃分别奉物：持羽扇，负琴，背酒葫芦，肩扇。负琴和
背酒葫芦，是并不陌生的构图，在辽宁省法库叶茂台七
号辽墓出土的《山弈候约图》中已有如此造型〔插图六：4〕。
草丛的布局也类如七号辽墓所出画轴《竹雀双兔图》。惟
觉可怪者，是肩扇之矮人形若侏儒，扇的六角造型尤奇，
似为他处所鲜见。根据榜题，可以容易识得图中的骑驴

7 镇江博物馆《江苏
镇江五洲山宋墓发掘简
报》，页 56，图七、图八，
《文物》二〇一五年第五
期。按铜钵盂带盖，简
报因名作"铜盒"。同墓
所出尚有一件铜盆，此
即宋人称作"厮锣"或
"沙锣"者，《宋会要辑
稿·礼六二》52 所载徽
宗诏赐蔡京金银从物中
的"厮锣一面，唾盂、
钵盂一副（盖全）"，正
是如此三事。
8 此承湖南省博物馆暨
沅陵县博物馆予以观摩
之便并提供照片。

9《文明之旅——中国北
方草原古代文明揽胜》
（展览图录），页 92，内
蒙古博物院二〇〇九年；
（台北）故宫博物院、内
蒙古博物院《黄金望
族——大辽文物展》，页
72，时艺多媒体传播股
份有限公司二〇一〇年；
深圳博物馆、内蒙古博
物院《契丹风韵——内
蒙古辽代文物珍品展》，
页 47～49，文物出版
社二〇一一年。

插图六：1 银鎏金扁壶
辽宁省通辽市吐尔基山
辽墓出土

插图六：2 四皓先生图
银鎏金扁壶图案之一

插图六：3a 洪崖先生图　　　　插图六：3b "弘牙先生"
银鎏金扁壶图案之二　　　　　摹本

　　者便是主人公"弘牙"亦即洪崖。然则"洪崖"者，何
许人也？

　　宋张淏《云谷杂记》有"二洪崖先生"一则，略云："洪
崖先生有二，其一三皇时伶伦，得仙者，号洪崖。《神仙传》：
卫叔卿与数人博戏于华山石上，其子度世曰：不审与父并
坐者谁也。卿曰：洪崖先生，许由、巢父耳。郭璞诗曰'左
挹浮丘袖，右拍洪崖肩'，即此是也。其一，唐有张氲，
亦号洪崖先生。按本传及《豫章职方乘》云，氲晋州神山

插图六：4《山弈候约图》局部 辽宁省法库叶茂台七号辽墓出土

县人，隐姑射山。开元七年招至长安，见玄宗于湛露殿。十六年洪州大疫，氲至，施药，病者立愈。州以上闻，玄宗意其为氲。驿召之，果氲也。常服乌方帽，红蕉衣，黑犀带，跨白驴，从者负六角扇、垂云笠、铁如意，往来市间，人莫知其年岁。今人好图其像者，即此是也。豫章有洪崖，盖古洪崖得道处也。后张洪崖亦至其处，豫章人立祠于洪井，洪崖遂至无辨。"[10] 是洪崖先生之一，为黄帝时候的乐官[11]。洪崖先生之二，为玄宗时候的张氲[12]。而"今人好图其像者"，实此张氲，所谓"今"，自然是作者所处时代。

　　不过以洪崖先生为题的画作，唐代似已出现。《铁网珊瑚》卷十一著录有阎立本《洪崖仙图》，图有东坡跋语，曰："洪崖先生，不知何许人也，姓张，名蕴，字藏真。风神秀逸，志趣闲雅，仙书秘典，九经诸史，无所不通。开元中，已千岁矣。盖古之高仙。明皇仰其神异，累召不赴。多游终南泰华，或往青城王屋，与东罗二大师为侣。每述金丹华池之事，易形炼气之术，人莫究其微妙

10《说郛》涵芬楼本卷三〇。

11 张引《神仙传》，见该书卷二"卫叔卿"条。

12《新唐书·艺文志》神仙类著录张说《洪崖先生传》一卷，注云：张氲先生，唐初人。

焉。先生戴高帽，衣红蕉葛衫，乌犀带，短鞠靴。仆五人，名状各怪，曰橘、术、栗、葛、拙。有白驴曰雪精，日行千里。复有随身之用白藤笠、六角扇、木如意、筇竹杖、长盈壶、常满杯，自然流酌。每跨驴，领仆游于市廛，酒酣笑傲自若。明皇诏图其像，庶朝夕得瞻观之。元祐四年东坡苏轼书。"张丑《清河书画舫》卯集"吴道子"条录此幅，而题作吴道子《洪崖仙图》，有苏东坡、黄大痴跋尾（东坡跋语之"易形炼气"，此作"易形炼丹"）。黄跋曰："余往年每见钱舜举、龚翠岩画《洪崖图》，其人物与此卷略相似，而笔路染色各自不同。今观此图制作，皆有唐人法度，非钱、龚二老可及，诚旧物也。其出处已详于坡仙之跋，兹不复赘。至正甲申十月廿八日，大痴道人题，时年七十有六。"此图曾为张丑先人所藏，——"洪崖盖张姓，故府君购以自况"。依黄公望之言，画作虽非出自名笔如阎立本、吴道子，但总是唐人气象。图今不传，然而宋人既"好图其像"，则当日同类画作必是常见。吐尔基山辽墓出土银壶的取材应即来自绘画以及口传的故事而非文本，构图因素的更易和削减，部分原因或在于材质和工艺，但主要特征依然是保留的。"有白驴曰雪精"，银壶图案中洪崖先生之坐骑是也。"白藤笠、六角扇、木如意、筇竹杖，长盈壶、常满杯"，图案则以六角扇和酒葫芦略传其神。"仆五人，名状各怪"，图案中的肩扇之侏儒是其"怪"也，惟"仆五人"，易作四。

　　四皓故事，很早就进入装饰领域，如江西南昌火车站东晋墓出土彩绘人物故事图漆盘[13]〔插图六：5〕，如河南邓县学庄村南朝墓出土彩绘模印砖，彩绘砖榜题曰"南山四皓"〔插图六：6〕。东晋漆盘中尚出现往商山礼

13 孙机《翠盖》一文，考订漆盘图案为四皓图，见《中国文物报》二〇〇一年三月十八日。

请四皓为辅佐的惠太子，但在装饰领域的图像传递过程
中，似乎逐渐略去了故事中的政治背景，以后则成为神
仙故事。作为银壶图案的"四皓先生"与"洪崖先生"，
取意亦当如此。而纹样设计者，对中原地区的传统题材
应该是十分熟悉的。"四皓先生"中坐具之鹿皮荐、下有
壶门座的棋局、仙人所戴莲花冠，由此诸般细节的处理，
更可见出这一点。本卷《辽代金银器中的汉风》说到在
辽、宋两个南北政权长期对峙的情况下，仅就金银器而言，
辽代金银器皿装饰纹样中的汉风竟是贯穿始终，所举例
证中有吐尔基山辽墓出土银鎏金嵌宝包镶漆奁盒盒盖内
里所錾宴饮图，同墓所出银鎏金人物故事图扁壶，则又
一例也。

插图六：5 彩绘漆盘 南
昌火车站东晋墓出土

插图六：6 南山四皓
河南邓县学庄村南朝
墓出土彩绘模印砖

元明时代的温酒器（代四版后叙）

元代从西域传来蒸馏酒，时名阿剌吉或哈剌吉，忽思慧《饮膳正要》卷三所云"用好酒蒸熬取露成阿剌吉"，即此，因又称它为"酒露"。虽然"酒露"在元代后期即已传播于民间，但不论元代还是明清，出现在南北宴席上的仍以黄酒为多。顾起元《客座赘语》卷九"酒"条曰"士大夫所用惟金华酒"，这是明代中后期时候的境况。而成书于康熙年间的刘廷玑《在园杂志》卷四"诸酒"条尚云"京师馈遗，必开南酒为贵重"[1]。小说戏曲中的相关记述，便更为具体和生动，比如一部《金瓶梅词话》。故事发生地点的山东清河虽为托名，但作者选取的素材该是以北方为主，而书中提到的酒，诸如金华酒、浙江酒、麻姑酒、南来豆酒[2]，都是南酒，即便烧酒，亦为"南烧酒"，虽然这是很低档的一类。刘公公送给西门庆的自酿木樨荷花酒，也还是以黄酒为酒基的配制酒，这些都与史料记载相一致。因此之故明代的饮酒通常仍是习惯热饮。其实直到清代都是如此。《红楼梦》第八回道薛姨妈摆了几样细茶果留宝玉和黛玉吃茶，因取了糟鹅掌出来，"薛姨妈便令人去灌了最上等的酒来"，这里宝玉又说："不必温暖了，我只爱吃冷的。"薛姨妈忙道："这

1 直到晚清，梁章钜《浪迹续谈》卷四"绍兴酒"一节仍曰"今绍兴酒通行海内，可谓酒之正宗"，"实无他酒足以相抗"。

2 明王士性《广志绎》卷四《江南诸省》云两浙各郡邑所出名产皆以地得名，所举诸物有"金之酒"，即金华酒。麻姑酒产江西，见《本草纲目》卷二十五《酒》。豆酒，宋应星《天工开物》第十七《麹糵》"酒母"条曰："近代浙中宁、绍则以绿豆为君，入麹造豆酒，二酒颇擅天下嘉雄。"

可使不得，吃了冷酒，写字手打战儿。"宝钗笑道："宝兄弟，亏你每日家杂学旁收的，难道就不知道酒性最热，若热吃下去，发散的就快，若冷吃下去，便凝结在内，以五脏去暖他，岂不受害？从此还不快不要吃那冷的了。"

酒须热饮，此加热一事，宋人称作"煖盪"。盪，上古原指洗涤，《说文·皿部》："盪，涤器也。"温酒令热，则为"湯"。《山海经·西山经》"湯其酒百樽"，郝懿行笺疏："湯读去声，今人呼温酒为湯酒本此。"郝氏所谓"今人"，是清人，宋人却是在"湯"下加"皿"作"盪"以指温酒。两宋酒器中有"注子一副"，便是盛了热水的温碗里边坐酒注。为了保持热度，温碗中的水当随时更换，筵席间则要有人不断"换汤"。《东京梦华录》卷二《饮食果子》一节道"又有向前换汤、斟酒、歌唱，或献果子、香药之类，客散得钱，谓之厮波"；《梦粱录》卷一六《分茶酒店》中也有大致相同的记述[3]。而《梦粱录》卷一九《四司六局筵会假赁》曰"煖盪、斟酒"，又《都城纪胜·四司六局》曰"煖盪、筛酒"[4]，与"换汤、斟酒"意思都是一样的。

自元代始，酒注已不再流行与温碗合为一副，器中酒冷，可以炉火随时烫热，元明多省称为"盪"。如元李直夫《虎头牌》杂剧第四折"快与我杀羊盪酒来"；《水浒传》第二回："庄客托出一桶盘，四样菜蔬，一盘牛肉，铺放在桌子上，先盪酒来筛下。"若郊游踏青，绿茵为席赏花饮酒，随行担子上不必说是要有食有酒，盪酒的一个小小火炉自也少不得。明末话本小说《鼓掌绝尘》第一回记述几人道观饮酒的光景，曰许道士"唤道童把壶中冷酒去换一壶热些的来"，道童便"连忙去拨了一个小小火炉，放在那梅树旁边，加上炭，迎着风，一霎时把酒盪得翻滚起来"。常用的小火炉便是也用来烹茶的风炉，出现在明代绘画中的多是如此。不过在实际生活中，盪酒却不会

3 此谓"又有向前换汤、斟酒、歌唱、献果、烧香、香药，谓之厮波"。

4《梦粱录》卷一九《四司六局筵会假赁》："茶酒司掌管筵席合用金银酒茶器具，及直汤茶、煖盪、斟酒、请坐云云。"《都城纪胜·四司六局》："茶酒司专掌宾客茶汤，煖盪筛酒，请坐容席，开盏歇坐，揭席迎送，应干节次。"

把盛酒器直接放在炉火上加热，而是置于注了汤亦即热水的容器，则与炉火直接接触的原是汤器，如此，在加热过程中方才对酒毫无损伤。且看明李士达的一轴花卉图，画幅左下方一个火盆，盆中燃着的炽炭围了一个提梁壶，敞开的壶口露出一截斜插在里面的瓶颈[5]〔插图一〕，这是瀹酒的场景自无疑问。为着便捷，温酒之器中因有一种水火合为一器的"水火炉"。明

5　今藏嘉兴博物馆，此为观展所见并摄影。

插图一：明李士达花卉轴（陈加言补花枝）嘉兴博物馆藏

陆噓云《世事通考·酒器类》列出一事曰"既济炉"，其下注
云："即水火炉也。"水火炉的式样和它放在出行担子上的情景，
高濂《遵生八笺·起居安乐笺》"提炉"一节说的明白，道是：
提炉"高一尺八寸，阔一尺，长一尺二寸，作三撞。下层一格，
如方匣，内用铜造水火炉，身如匣方，坐嵌匣内。中分二孔，
左孔燃火，置茶壶以供茶；右孔注汤，置一桶子小镀有盖，顿
汤中煮酒。长日午余，此镀可煮粥供客。傍凿一小孔，出灰进
风。其壶镀迥出炉格上，太露不雅，外作如下格方匣一格，但
不用底以罩之，便壶镀不外见也。一虚一实共二格，上加一格，
置底盖以装炭，总三格成一架，上可箭关，与提盒作一副也"。
文字解说之外，并绘一幅相应的提炉图式〔插图二〕。高氏说
这一样式是他自创，当是指他就通行之器稍稍改造，然后巧妙
安排总装一担，至于担子里的水火炉，本来是常见的日用之器，
虽然未如高氏所云"中分二孔，左孔燃火，置茶壶以供茶；右

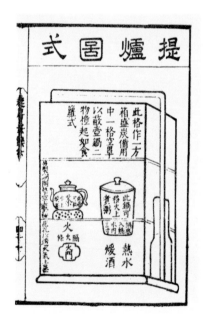

插图二：《遵生八笺》
中的提炉图式

孔注汤，置一桶子小镬有盖，顿汤中煮酒"，却也不乏式样别致者。四川崇州万家镇明代瓷器窖藏中有一副锡提梁壶，系一大一小两件合成一组。小者高 13.8、口径 5.6、底径 5.4 厘米，矮领，曲流，弯柄，直腹，腹部中间一道凸沿，小壶坐在大壶的口上便正好扣合无间。大壶高 38.4、口径 9.2、足径 14 厘米，直口，丰肩，曲流，下为矮圈足，上有一个提梁。腹内以片材把空间三分，即注水室、燃料室和出灰管道[6]〔插图三〕。显见得这一副锡提梁壶的下方之大者，便是有温酒功能的水火炉。

坐在水火炉上的小锡壶形制也有点特殊。试寻它的式样来源，或可考虑南宋和元代出现的一种上部制如烹茶用的提梁

6 成都文物考古研究所等《四川崇州万家镇明代窖藏》，页 17，图二四、二九：3，《文物》二〇一一年第七期。

7 如四川德阳孝泉镇清真寺窖藏中的一件银铫子。按器藏四川博物院，本书照片为观展所见及摄影。

8 宋美英《诸暨桃花岭南宋纪年墓研究》，页 17，图十二，《东方博物》第三十三辑（二〇〇九年）。

9 吕海萍《东阳金交椅山宋墓出土文物》，页 9，图八，《东方博物》第三十九辑（二〇一一年）。

10 陈晶等《江苏武进村前南宋墓清理纪要》，页 254，图 16（称作"带流提桶"），《考古》一九八六年第三期。

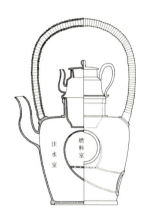

插图三：锡提梁壶 四川崇州万家镇明代瓷器窖藏

铫子[7]，下连一个高筒式足的器皿，浙江诸暨桃花岭南宋墓[8]、浙江东阳金交椅山宋墓[9]，又韩国新安海底沉船元代遗物中，均有式样相同的银器〔插图四至六〕。江苏武进村前乡南宋墓出土锡明器中也有此物[10]。而同是出自新安沉船的还有一件高筒式足的铜注子[11]〔插图七〕，万家镇明代窖藏中的小锡壶，式

插图四：银铫子 四川德阳孝
泉镇清真寺窖藏

插图五：银铫子 诸暨桃花
岭南宋墓出土

插图六：银铫子 出自新安
海底沉船

样即与它几乎相同。可知出现在南宋至元代的这一类高筒式足
银器或铜器，当是温酒用的铫子，它与烹茶不同，即不是底部
直接受火，而是把高筒式足放在热水即所谓"汤"中加温，使
用方法即类如万家镇窖藏中的这一副锡提梁壶。高濂的水火炉
图中特别注明"热水煖酒"，"锅底入热水内三寸"，也是如此。
高氏所以用了一个桶子式的小锅而不用壶，便是为了还可以把
小锅方便移向灶火的左孔煮粥。

　　宋元戏曲小说中言及温酒，更常用到的一个词汇是镟，
也或作旋。有时指器皿，有时借指动作。元康进之《李逵负荆》
杂剧第一折："老王，这酒寒，快镟热酒来。"《水浒传》第五回：
"那庄客镟了一壶酒，拿一只盏子，筛下酒与智深吃。"此所谓

11《新安沉船里的金属
工艺》，图一〇四，图
九六、九七，文化财厅，
国立海洋遗物展示馆特
别展，二〇〇七年。

插图七：铜注子 出自
新安海底沉船

插图八：《新编对相四
言》中的锡镟

12《六书故》第四《地
理一》释"镟"曰："温
器也，旋之汤中以温酒
与洎者也。"此"洎"，
当是浸的意思。

13 美国哥伦比亚大学史
带东亚图书馆藏，上海
书店出版社二○一五年
影印。

"镟"，都是指温酒。元高文秀《黑旋风》杂剧第一折："吃酒
处就与他绰镟提瓺。"《水浒传》第二十五回，武大引着郓哥到
一个小酒店里，"买了些肉，讨了一镟酒，请郓哥吃"。此所谓
"镟"，都是指器皿。按照宋戴侗《六书故》中的释义，镟是温
酒之器[12]，前引《李逵负荆》因又有"镟锅儿"之称——"老
汉姓王名林，在这杏花庄居住，开着一个小酒务儿"，"今日烧
的镟锅儿热着，看有甚么人来"。以宋本元刊为基础的明刊《新
编对相四言》中，与"铜铫"列在一起式样近似于釜即圜底、
圆腹、外折沿的"锡镟"[13]〔插图八〕，大约就是这"镟锅儿"。
镟锅儿自是俗称，文人或援古称谓之"釜"。明钱希言《狯园》
卷四《席生》一则记其幻术，曰"家有讌会，童子携银壶温酒，
席生遽夺其壶，投诸井中。僮子泣诉主人，举家诟骂，以为病
狂。席生曰：'无草草，请于爨下布觅。'无有，忽听釜中有汤
沸声，徐举其盖，则银壶宛然，汤中酒已温矣，泻之不少涓滴"。

五印后叙

从初版到今日，这本书的面世倏忽已过去十年有余。其间重印四次，次次免不了在已有的框架里"挖窟窿""打补丁"，或增补材料，或订正讹误，修正认知。此番五印，亦复如是。

附论中的《罚觥与劝盏》篇，原有一则注释，即引李贺《河阳歌》，认为诗中的"牛头高一尺"，应即来通式角杯，但当日尚无图像可证，今则见到近年发表的唐墓壁画，因将彼处"挖个窟窿"，移在这里"打个补丁"——

李贺《河阳歌》："染罗衣，秋蓝难著色。不是无心人，为作台邛客。花烧中潭城，颜郎身已老。惜许两少年，抽心似春草。今日见银牌，今夜鸣玉钀。牛头高一尺，隔坐应相见。月从东方来，酒从东方转。觥船钑口红，蜜炬千枝烂。"此诗乃写狎官妓作长夜之饮，而以觥的使用挽结饮酒行令之乐，此中的关键，即在于"牛头"与"觥船"。"牛头"，清王琦注云："酒卮。陆德明《庄子音义》：牺尊；王肃云：刻为牛头。"又注觥船曰："酒觥之大者，故以船名之。"所注固不误，但皆未得要领。这里的"牛头"与"觥船"，实为同一物，便是酒筵中的罚爵。所谓"牛头"，即依仿来通以牛头为造型的角杯，"高一

尺"，是极言其大，"牛头"正是为觥船写形。所谓"酒从东方
转"，即行令而传杯。"隔坐应相见"，既行令，人自难免饮罚
杯，此筵所置罚酒之"觥船"，便是"牛头"。"觥船酡口红"，
"酡"或作"沃"，两义皆可通。酡即餍足，沃则沾唇，是唇吻
同沾而微意在焉。西安南郊金浮沱村唐代壁画墓墓室北壁东侧
壁画有此角杯形象：上身已剥落的两个侍女之间一具食床，上
置果盘二，三足罐一，其旁一个高足杯，果盘之侧一个三足盘，
盘上一个六棱高足杯，旁边竖着一个依仿来通样式的兽头角杯
（插图一）。从食床各器的比例来看，角杯的体量正与"牛头高
一尺"相合。墓葬年代约当天宝年间 [1]。

1 赵晶《西安南郊金浮沱
村唐代壁画墓的发现与
研究》，页 84，《考古与
文物》二〇一九年第一
期。

插图一：兽头角杯